올바른
발레 용어

일러두기

• 일부 프랑스어 발음은 국립국어원의 외래어 표기법 규정을 따르지 않고, 실제 원어 발음에 더 가까운 국문으로 표기했다. 표기법 규정과 원어의 발음이 차이가 큰 경우, 국내에서 통용되는 발음과 표기에 가깝게 절충했다.

• 메소드별 용어의 이름이 조금씩 다른 경우는, 우리나라에서 발레 교습 시 가장 흔히 사용하고 있는 체케티와 바가노바 메소드를 기준으로 했다

올바른
발레 용어

The Ballet Class

B *1*

이유라·이미라

지음

FLOOR
WORX.

개정판에 부치며

책이 세상의 빛을 본 지 1년 하고도 몇 개월이 지났습니다. 불모지와도 같았던 발레 도서 시장에서 감사하게도 독자 여러분께 큰 관심과 사랑을 받아 어느덧 3쇄를 출간하게 되었습니다. 책을 접하신 분들께서 한 번쯤 가졌을 법한 궁금증과 답변으로 개정판 소개를 갈음하고자 합니다.

Q1. 책 제목이 왜 《올바른 발레 용어》인가요?

거의 모든 용어가 프랑스어인 발레 용어의 원어 뜻을 풀이하여 용어 이해를 돕고자 하였습니다. 사실 언어는 그 언어를 사용하는 사람들 간의 보편적 이해를 바탕으로 한 임의의 약속이기 때문에 어떤 표현이 '절대적으로' 또는 '영구적으로' 올바르다는 표현은 맞지 않습니다. 발레 용어만 해도 메소드별로 사용하는 용어가 조금씩 다르기도 하고, 원어가 외국어인 용어가 우리나라에 전파되면서 발음이 제각각 다양화되기도 하였습니다. '올바른' 용어의 이해를 강조한 것은 어느 표현이 맞고, 어느 표현은 틀리기 때문이 아닙니다. 원어를 풀이하고자 언어적으로 접근하였기 때문에 현시대를 살고 있는 프랑스어 사용자 간의 약속을 바탕으로 하였다는 의미입니다.

Q2.　발레 용어의 개수가 101개인 이유는 무엇인가요?

　　책의 본문에서도 밝히고 있듯, 이 책의 목적은 용어 사전처럼 발레 용어나 동작을 총망라하는 것은 아닙니다. 용어의 정확한 표기와 발음, 뜻풀이에 우선순위를 두고 내용을 구성하였습니다. 101은 미국 대학에서 '-개론'과 같은 교과목의 이름으로 쓰이는 숫자로, 풀이한 용어의 개수를 101개로 한정한 것도 그 때문입니다. 가장 기본이 되는 용어의 명칭과 발음, 뜻을 이해하여 책에 등장하지 않은 다른 용어를 접하더라도 당황하지 않고 확장, 응용할 수 있도록 하는 과정을 돕고자 한 것이지요.

Q3.　개정판, 무엇이 달라졌나요?

　　많은 독자분들께서 실제로 동작 사전과 유사한 용도로 활용하고 계시다는 후기를 들려주셨습니다. 이에 101개 용어의 개수는 유지하면서 동작의 삽화를 대거 보강하여 용어의 뜻과 더불어 동작도 보다 간결하게 파악할 수 있도록 하였습니다. 또한, 일부 용어(삐아떼, 샹쥬망, 팔 동작 명칭)는 설명을 추가하였습니다.

2022년 이유라·이미라

니가, 뭘 쓴다고?

발레 덕후인 나는 자타 공인 외국어 덕후다. 아니, 한국어 맞춤법에도 병적으로 집착하고 부장도 아닌 주제에 전국의 부장님들이 사랑하는 언어유희를 활용한 일명 '아재 개그'를 몹시 즐기는 걸 보면 비단 외국어뿐만 아니라 언어 자체에 큰 흥미가 있다. 관심이 워낙 높다 보니 습득도 나름 빠른 편이고, 관심 분야에 한해서는 오지랖이 태평양보다 넓은 편이라 배운 걸 나누는 것도 좋아한다. 평소 말수 적은 INTP형입니다만… 그래서 일단 공부를 시작한 언어는 끝장을 봐야 직성이 풀리는 집요한 면이 있다. 사실 굳이 끝장이나 직성 같은 무시무시한 표현들을 쓰지 않아도 어떤 언어에든지 굉장히 쉽게, 그리고 깊게 빠져드는 편이다.

요새는 소위 '국내파' 학생들도 영어를 유창하게 잘하는 경우가 많지만, 나의 학창 시절에는 해외에서 유학을 하고 돌아온 학생들과의 치열한 경쟁을 뚫고 국내파가 영어 특기자 전형으로 대학에 입학하는 것이 흔한 일은 아니었다. 자화자찬 같지만 내가 바로 그 희귀한 사례 중 한 명이었다. 대학 입학 이후에는 중국어 공부에 매진해 본격적으로 중국어 공부를 시작한 지 2년 만에 중국으로 교환 학생으로 떠나 현지 학생들과 함께 수업을 듣기도 했으며, 지역 방송국과 총영사관에서 주최한 중국어 말하기 대회에서 온갖 상을 휩쓸었다. 1등상이라고는 안 했다. 이 모든 일이 중국어를 배운 지 불과 2년여 만에 일어난 일이다.

대체 무슨 이야기를 하려고 서두부터 자기 자랑을, 그것도 언급하기도 민망한 십수 년 전의 기억까지 끄집어낸 걸까? 짱짱한 발레 전공자들도 차마 엄두를 내지 못하는 발레 용어 정리에 도전을 하려다 보니 요만한 거라도 그럴싸해 보이게 어필할 것이 필요했기 때문이다. 아주 오랜 시간 언어를 사랑해왔고, 또 전문적으로 공부해왔으니 올바른 '발레'에는 아니더라도 어쩌면 올바른 '용어'에는 최적화된 사람일 수도 있지 않을까 해서.

그럼 동네에서 외국어 좀 한다고 어깨에 힘깨나 주고 다닌 학창 시절을 뒤로하고 지금은 무슨 일을 하고 있느냐고? 회사를 다니며 성인 학습자 대상 비즈니스 영어를 전문적으로 연구하고, 가끔 가르친다. '어떻게 하면 외국어를 쉽고 재미있게 배우고 가르치느냐'가 인생의 최대의 관심사이자 고민거리인 것이다.

그 타깃이 이번에는 발레 용어가 됐다. 제공되는 정보의 양이 적은 것도 초보 외국어 학습자의 학습 동기를 현저히 떨어뜨리겠지만, 정보의 양이 너무 많은 것 역시 방해가 된다. 완전히 새로운 정보를 흡수해야 하는 상황에서는 어떤 것이 정말 신뢰할 만한 것이고 어떤 것은 아닌지 판별해내기도 어려울 뿐더러, 어디서부터 시작해야 할지 도무지 감을 잡을 수 없기 때문이다.

실제로 넓고 깊은 인터넷의 바다에서 발레 용어를 찾아 열심히 허우적대다 보니 철자, 발음 그리고 때론 심지어 설명까지 부정확한 정보들이 제멋대로 넘쳐나고 있었다. 감히 올바른 발레 용어를 정리해보겠다며 호기롭게 펜을, 아니 키보드를 잡고 비장한 각오로 나선 나조차 갈피를 잡기가 힘들었다. 이러한 악조건 하에서 발레 용어를 공부하다 보면, 익숙한 한국식 발음으로 듣고서 어떤 동작인지 머릿속에 얼핏 이미지를 그릴 수 있는 정도의 수준에는 그리 어렵지 않게 도달할 수 있다. 그렇지만 정확히 쓰거나 자신 있게 읽는 데는 아무래도 무리가 따른다.

문제는 막상 발레 용어를 정확히 몰라도 발레를 하는 데 큰 시련이 없다는 것이다. 그렇기 때문에 매일 하는 '개구리 자세 스트레칭'보다도 훨씬 중요한 발레 용어 공부가 후순위로 취급되는 경우가 다반사다. 바로 이런 이유로 정복을 차일피일 미루다 몇 년이 흘러버린 바로 그 발레 용어가 드디어 덕후의 타깃으로 정해진 것이다.

내게 용기를 준 계기는 우연한 만남이었다. 소셜 미디어를 통해 연을 맺은 플로어웍스의 윤지영 대표가 2018년에 기획한 〈윤작가의 썸머 발레 캠프〉에서 취미발레인으로서 나눌 만한 생각이나 정보 등에 관한 강의를 부탁했다. 프랑스어를 배우다가 손을 놓은 지 3년 정도 된 시점이었지만 덜컥 〈원어로 알아보는 발레 용어〉 강의를 해보겠다고 내뱉었다. 개인적으로는 아직 끝장을 보지 못한 프랑스어에 남은 미련도 있었다. 그리고 발레 용어는 늘 한번쯤 공부를 해봐야겠다며 마음만 다잡던 분야여서 이참에 실행에 옮겨볼까 하는 마음으로 "내가 바로 이 구역의 발레 용어 마스터다!"라는 심정보다는 같은 학습자의 입장에서 단순히 내가 공부한 것을 나누고자 시작한 일이었다. 게다가 내가 제일 좋아하고 잘할 수 있는 일이 바로 쉽고 재미있게 말을 가르치는 일이기도 했으니 용기를 내 도전을 해보기로 했다.

다행히 열혈 취미발레인과 발레전공생 청중들의 열화와 같은 성원과 호응에 힘입어 강의는 성황리에 마무리됐다. 심지어 단 30분의 강의였는데도 "강의를 듣고 나니 프랑스어를 배워보고 싶은 욕구가 뿜뿜 폭발해요"라며 호평을 해주는 분들도 계셨고, 당시 게스트로 초청한 모나코 몬테카를로 발레단 수석무용수 안재용 발레리노도 정말 유용하고 필요한 내용이었다는 참관 소감을 전하기도 했다. 아무튼 뜨거웠던 2018년 여름보다 더 뜨거웠던 그 강의를 얼떨결에 맡게 되었던 것을 계기로 이런 무시무시한 책까지 쓰게 되었다는 무시무시한 이야기로 서문을 열어본다.

강의는 휘리릭 내뱉고 나면 언젠가는 잊히겠지만, 책은 평생 남아 나를 따라다닐 거라는 생각에 두려움도 앞섰다. 책을 쓰는 내내 진도가 도통 나가질 않아서 '정말 무식하고도 용감한 일을 저질렀구나'하며 머리를 쥐어뜯는 순간도 많았다. 아니, 쥐어뜯지 않는 순간이 더 적었다. 하지만 나에겐 비밀 병기가 있었다. 바로, 나의 부족한 프랑스어 실력을 채워줄 친동생, 떨리는 마음으로 나와 함께 두 손을 꼭 잡고 발레 학원의 문을 두드렸던 나의 영원한 발레메이트 이미라다.

이 책의 공동 저자 이미라는 대학에서 프랑스어를 복수전공하고 빠리에서 대학원을 졸업한 일명 '프.잘.알.'이다. 파리 아니고 빠

리요. 빠히라고 쓰고 싶지만 참습니다. 어렸을 때부터 콩알 한 쪽도 나눠 먹던 세상 우애 깊은 착한 동화 속 자매 같은 자매는 아니고, 하루가 멀다 하고 치고받고 싸우던 형제 같은 우애를 자랑하는 걸쭉한 사이지만, 언니 따라 영어 배우고 언니 따라 중국어 배우더니 이젠 언니 따라 책도 쓴다. 물론 프랑스어는 내가 동생 따라 배웠고, 발레도 나보다 동생의 어릴 적 로망이었던 걸 보면 좋든 싫든 서로의 인생에 막대한 영향력을 행사하며 좋아하는 것들을 공유하고 있다.

이 책은 발레 용어에 철저히 인문학적으로 접근한 인문서인 동시에 초보자의 눈으로 접근한 입문서다. 한마디로 정의하자면 '발레를 사랑하는 외국어 덕후 자매의 발레 인문서' 혹은 '외국어를 사랑하는 발레 덕후 자매의 발레 입문서' 정도가 되겠다. 발레와 외국어 중 어느 것에 대한 사랑이 더 우리 자매의 본질에 가까운지는 가늠할 수 없다. 우리 자매가 외국어를 얼마나 아끼고 사랑하는지 아무리 목 놓아 외친다 한들, 학원 수업에서 배운 발레가 전부인 데다 학위는커녕 콩쿠르 참가 경험조차 전무한 우리들이 '도대체 왜? 아니, 어쩌다가 발레 용어 책을 썼대?' 하고 생각하는 독자 여러분의 마음을 잘 알고 있다. 그런 질문을 우리 역시 스스로에게 끊임없이 하고 있다. 그래서 지금부터 그 이야기를 조금씩 풀어보려고 한다. 외국어와 발레에 대한 사랑이 어떻게 발레 용어 사랑으로까지 번지게 됐는지 말이다.

유리창에 비친 에펠탑 ©이유라

CONTENTS

개정판에 부치며

4

prologue

니가, 뭘 쓴다고?

7

chapter 1

발레나라 말, 눈을 뜨다

15

chapter 2

발레나라 말, 귀가 트이려면

25

chapter 3

발레나라 말, 입을 떼보자

53

발레 용어 101

58

epilogue

니가, 뭘 썼다고?

166

개정판을 축하합니다

170

발레나라 말,
눈을 뜨다

중국어를 배우고 나니 중국 여행이 편안해졌다.
발레 용어를 배우고 나면 발레나라 여행이 즐거워질까?

*

그 나라의 말　　　　　　대학에서 중어중문학을 전공한
　　　　　　　　　　　　　내가 대학 입학 전 중국어로 겨
우 아침, 점심, 저녁 인사 정도만 자신 있게 건넬 수 있을 시절에
중국으로 처음 여행을 갔다. 물론 상대방은 어떠한 대답도 해서는 안 된다.
거리 간판의 글자들이 대부분 그림으로 보였다. 나름 학교에서
'문송'[I]해하며 한자를 배우고, 제2외국어로 주 몇 회나 수업을
들었는데도 익숙하게 읽을 수 있는 글자는 그리 많지 않았다. 그
나마 읽을 수 있는 한자도 한국어 독음만 겨우 알 뿐, 중국어 발
음으로는 배운 글자가 많지 않으니 순식간에 까막눈이 된 기분
이었다. 다행히 내 옆에는 영어를 완벽히 구사하는 중국인 친구
가 항상 함께 있어서 여행하는 데 큰 불편함은 없었다. 그럼에도
스스로 처리할 수 있는 일이 한 가지도 없다 보니 심리적으로 위
축되고 답답했다.

　한국에 돌아와 6개월간 중국어 공부를 죽기 살기로 하고 다
시 중국에 갔다. 이번에는 필요한 것이 있으면 종업원에게 직접
요청도 하고, 혼자 택시를 타고 중국어로만 소통해서 목적지까
지 가보기도 했다. 심지어 중국어를 하나도 모르는 일행의 부탁

I　'문과라서 죄송합니다'의 준말로 취업 시장의 문과 출신에 대한 비선호 현상 때문에 만들어진 자조적
　　비하(셀프 디스) 용어

으로 중국어 소통 창구가 되기도 했다. 돌아와서 반년을 중국어 공부를 더 하고 세 번째로 중국에 갔다. 이번에는 현지인들이랑 농담 따먹기도 하고, 심지어 감정을 섞어서 불만 사항도 제기했다. 거리의 상점 중에서 뭘 파는지 알 수 없는 곳은 거의 없었다. 몰라도 크게 개의치 않았다. 물어보면 되니까, 물어볼 수 있으니까. 그 나라의 말이 보이고, 들리고, 자유자재로 말할 수 있게 되니 너무 편안했다.

안아방, 안아보라고?　　　　　"포인-."

　　　　　　　　　　　　　　　　　태어나서 제일 처음 접한 발레 용어로 기억한다. 때는 고등학교 무용 시간이었고, 난생처음 발레라는 것을 배우게 돼 들뜬 마음이 앞섰다. 당시는 이미 다른 것(영어)에 한창 꽂혀 있을 때여서 영어인 것 같으면서도 결과적으로 영어가 아닌 것이 확실한 그 단어를 정확히 어떻게 말하고 쓰고 사용하는지에 전혀 관심이 없었다. 오로지 거울 보고 예쁜 척하는 데만 심취했을 뿐.

　　그다음으로 기억나는 용어는 '안아방'. '안아? 안아보라고? 안는 것처럼 팔을 앞으로 둥글게 뻗는 거구나' 싶었다. '앙바? 암바? 이건 레슬링 용어 같은데? 앙오, 이건 머리 위로 O(오)자를 만드네'라며 귀에 들리는 발음에 나만의 해석을 마구 덧붙이는 식으로 무조건 외웠다. 바닥도 제대로 갖춰져 있지 않은 학교 무용실에서 시작한 발레이기도 했지만, 한 학기 동안 배우는 내내 정확한 발음이나 뜻을 명확히 가르쳐주는 사람도 없었다. 사실

18

나부터도 당시엔 발레에 그리 큰 관심이 없었다. '발레를 5년만 일찍 시작했어도…' 하는 뼈저린 후회를 매일 하는 요즘으로선 후회스럽기 그지없는 일이다.

인생 첫 발레 수업을 들은 지 10년쯤 지났을 때, 우연한 계기로 취미 발레 세계에 입문했다. 어렸을 때 엄마의 손에 이끌려 〈호두까기인형〉을 몇 번 봤고, 중학교 때 발레를 전공한다는 이유로 전교에서 유일하게 머리를 마음껏 기를 수 있었던 같은 반 친구를 부러워했고, 고등학교 때 몇 달간 학교에서 주 1회 발레 수업을 들었고, 대학교 때 채플 수업에서 무용과 친구들의 공연을 본 것이 내가 경험한 발레의 전부였다. 늘 아름다운 선망의 대상이었던 발레를 경험할 때마다 연신 "와, 좋다!"하며 감동하긴 했어도 감히 내가 범접할 수 없는 세계로만 느껴졌기에 특별한 로망을 가질 엄두조차 못 내고 있던 터였다. 그저 어느 날 갑자기, 문득, 무심코, 발레를 배워야겠다는 결심이 들어 바로 동생과 함께 집 근처 문화센터의 발레 클래스에 등록을 하게 된 것이다. 그때는 내가 한때 발레를 배운 적이 있었다는 사실조차 잊고 있었다.

일단 처음 며칠간은 용어는 감히 귀에 들어오지 않았다. 거기까지 신경 쓸 여력이 없었다고 보는 편이 정확하겠다. 마음 한편에서 늘 선망하던 동작들을 처음 시도해보면서 언뜻 그럴싸하게 흉내를 낸다는 생각에 흥분을 감출 수 없었다. 반드시 언뜻 보아야 한다. 거의 KTX 타고 지나가면서 보는 수준으로. 곧 '덕후'가 될 것 같은 예감이 틀림없이 들어맞아 드디어 몇 만 '취발인(취미로 발레하는 사람들)' 인구에 합류를 하게 됐다. 당시 우리 클래스에는 발레를

쥬떼?
죄떼?
제떼?
좨떼?

In☆gram

ballet_lover
#앙바 #앙아바 #앙오 #알라스공드
#취미발레 #성인발레 #초보
_
오늘은 예쁜 폴드브라 인사를 배웠다!
근데 폴드브라가 프랑스어로 port de bras였다는
사실!
폴드브라가 아니라 포흐 드 브하_ !!

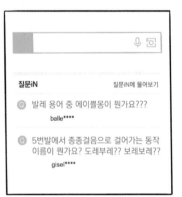

질문iN   질문iN에 물어보기

Q 발레 용어 중 에이쁠몽이 뭔가요???
　balle****

A 5번발에서 종종걸음으로 걸어가는 동작
　이름이 뭔가요? 도레부레?? 보레보레??
　gisel****

난생처음 배워보는 나 같은 생초보부터 대학 때까지 발레를 전공하다가 몸을 풀러 온 고수 중의 고수까지 다양한 레벨의 수강생들이 섞여 있었다.

아니나 다를까, 몇 번의 초보 배려 클래스가 끝나고 나자 정체를 알 수 없는 발레 동작 용어들이 하나둘 등장하기 시작했다. 더욱 심각한 문제는 집에 와서 동작 영상을 찾아서 복습을 해보고 싶어도 정확한 용어의 이름을 도무지 모르겠다는 것이다. 선생님은 정확히 말씀해주셨어요. 제가 못 알아들었을 뿐… 늘 클래스가 끝나면 검색창에 비슷한 발음의 단어를 몇 번씩 고쳐 입력해가며 찾곤 했다. 대학에서 프랑스어를 전공한 동생도 정확한 용어를 모르니 검색하면서 애를 먹긴 매한가지였다. 불행인지 다행인지 다들 한마음 한뜻으로 몰랐던 모양이다. 실제 인터넷에 포스팅돼 있는 발레 관련 글들에서도 표기 방식은 제각각이었다. 시간이 흘러 더 많은 동작 용어들을 배울 때마다 발음을 얼버무리는 횟수는 늘어만 갔다.

발레를 배운 지 1년쯤 됐을 때, 특별한 계기가 있는 것도 아니었는데 갑자기, 문득, 무심코 프랑스어를 알고 싶다는 마음이 강렬하게 들었고 그길로 당장 프랑스어 학원에 등록을 했다. 맞습니다, 맞고요. 사교육의 노예, 맞고요. 한 번 노예는 영원한 노예입니다. '에이, 비, 씨, 디'가 아닌 '아, 베, 쎄, 데'를 한 걸음씩 배우면서 새로운 세계에 눈이 뜨이고 귀가 열릴 날을 고대하며 또 다른 덕후의 길로 빠져들고 있었다. 여보세요. 발레 책이라며. 대체 언제까지 프랑스어 얘기만 하실 거죠. 왜. 왜애.

21

발레나라 언어　　　　'아, 베, 쎄, 데'를 배우고 나니, 영어 파닉스를 처음 배우고 나서 눈에 보이는 모든 영어 단어를 닥치는 대로 읽고 흡족해하던 어린 시절처럼 프랑스어 단어들에 눈이 갔다. 우리 집 앞 빵집 이름이 사실은 '뚤레쥬(Tous les jours)'였다는 것, 내가 좋아하던 버터향 가득한 부드러운 빵의 이름이 사실은 '코화쌍(croissant)'에 더 가깝다는 것에 놀랐다. 무엇보다 당시 매일 접하던 발레 동작 용어들을 이제는 나도 정확하게 읽을 수 있다는 사실에 무척 고무됐다.

내가 업이자 취미로 외국어를 공부해오면서 가장 흥미를 느낀 요소는 발음이었다. 이제 영어는 비원어민 화자의 비율이 원어민 화자를 능가하는 언어가 됐다. 특정 국가의 언어를 넘어 전세계인의 소통 도구로 자리매김했을 뿐만 아니라 다양한 형태의 발음과 악센트가 생겨나면서 소위 '원어민스러운', 더 구체적으로 우리나라에서는 '미국인스러운' 발음에 대한 집착이 예전보다 줄어들었다.

프랑스어는 사정이 다르다. 물론 프랑스어를 공용어로 채택한 국제기구들이 있기는 하지만, 영어와는 달리 프랑스어권 국가들의 일부 특정 화자들만 사용하는 언어로서, 아직까지는 표준 발음에 가깝게 말할 수 있어야 '있어 보인다'거나 '그럴싸하게 들린다'는 편견이 지배적이다.

이런저런 이유로 시작하게 된 프랑스어의 발음을 발레 용어에 하나둘 조심스레 적용해봤다. 수업 시간에 얼핏 들었던 발음들과 크게 다르지는 않았지만, 정확한 철자법과 발음을 알고 나니 마음이 더없이 든든해졌다. 비록 수업시간에는 너나없이 동

22

작은 헤매도 동작의 정확한 명칭을 듣고 말하고 쓸 수 있다는 뿌듯함에, 어느 누가 내게 그 동작의 정확한 명칭을 묻더라도 자신 있게 알려줄 수 있을 것 같았기 때문이다. 발레 학원 연습실과 유튜브가 주무대인 나의 '발레나라' 말에 드디어 눈을 뜬 것이다. 난 이제 검색왕. 무엇이든 검색해볼 수 있지. 발레 클래스 심신안정 치트키 장착 완료.

chapter 2

발레나라 말,
귀가 트이려면

발레는 이탈리아에서 생겨났지만,
프랑스에서 발전해 용어까지 생겼다.
귀가 트이는 데 꼭 필요한 필수 프랑스어 정복!

*

진짜 발레나라가 어디~게?　　　　좋아하는 발레 얘기를 기대하
고 산 책인데 들입다 프랑스어
얘기만 해대고, 한 번 시작한 프랑스어 얘기가 당최 끝날 기미가
보이지 않는데도 꾹꾹 참고 여기까지 읽어주신 발레 애호가 여
러분께 진심으로 감사의 말씀을 전한다. 참지 못하고 셀프 페이
지 건너뛰기 기능으로 여기에 도착하신 여러분께도 물론 동일
한 깊이의 감사의 말씀을 전하는 바다. 발레나라 말에 본격적으
로 귀를 틔우기 전에 프랑스어 얘기를 해댄 데는 이유가 있다.

　'발레' 하면 가장 먼저 떠오르는 나라가 어디일까? 내가 최초
로 관람한 발레 공연은 차이콥스키의 〈호두까기인형〉이었다. 그
래서인지 개인적으로는 '발레=러시아'라는 공식이 제일 먼저 떠
오른다. 물론 러시아 작품이라는 것도 당시 아홉 살이었던 그 어
린이가 흘려 들은 탓에 사전에 알고 본 것은 아니었을 것이다.
가끔 차도 위 육교에 걸린 현수막에서 볼 수 있었던 '상트페테
르부르크 발레단'의 내한 소식이나 '볼쇼이 아이스 발레단'의 내
한 소식의 영향이 더 클 것이다. 하지만 앙 아방, 앙 바, 앙 오 같
은 용어들이 프랑스어라는 사실을 알게 된 이후로 내 머릿속 발
레나라는 프랑스로 바뀌었다. 당연히 발레의 시초도 프랑스일
거라고 생각했는데, 정작 발레가 최초로 시작된 곳은 바로 ○○

27

○○였다. 정답은 바로 다음 단락에. 이미 발레를 어느 정도 배워서 발레에 대해 좀 안다고 생각하던 시절에 얻은 검색 결과라 충격이 좀 컸고, 이후 지인들에게 '나 이런 것까지 알고 있다!' 하며 알·쓸·신·잡을 뽐낼 기회가 있을 때마다 '의외의 상식' 퀴즈로 내는 단골 레퍼토리였다. 알아두면 쓸데없는 신비한 잡학사전 지식, 아니죠. 알아둔 덕에 이런 책도 쓰게 되고 매우 쓸모있는 신비한 잡학사전 지식!

그렇다. 이 책을 읽는 대부분의 발레 애호가라면 빈칸 안에 알맞은 나라를 이미 잘 알고 있을 것이다. 바로 '이탈리아'다. 발레는 이탈리아 남부 피렌체 지역을 통치하던 메디치 가문에서 궁정 무용의 형태로 처음 시작됐다. 이후 메디치 가문의 딸 카트린 드 메디치(Catherine de Médicis, 1519~1589)가 프랑스의 앙리 2세(Henri II, 1519~1559)와 결혼하며 이탈리아의 유명 예술가들을 데리고 프랑스로 넘어갈 때 발레 음악가도 포함돼 있었다.

카트린은 남편이 일찍 죽고 어린 아들을 대신해 프랑스 왕정을 섭정하게 된다. 카트린이 이 시기에 자신의 권력을 과시하기 위한 통치 수단으로 발레를 이용하면서 발레 분야에 전폭적인 지원을 한다. 이탈리아 여인인 카트린이 프랑스에 지핀 발레의 불씨는 굉장한 발레 애호가였던 루이 14세(Louis XIV, 1638~1715)를 만나 꽃을 피운다.

루이 14세의 발레 사랑은 깊고도 강렬했다. 발레를 단순히 애호하는 데서 그치지 않고, 어린 시절부터 직접 발레를 배우고 발레 공연을 할 정도였다. 발레의 이론적 체계를 처음 구축한 사람도 루이 14세의 발레 교사이자 함께 많은 작품에 출연한 피에르 보샹(Pierre Beauchamps, 1636~1705)이다. 루이 14세 시기에 설

립된 빠리 오페라 발레단의 전신인 최초의 발레 학교 초대 교장이던 그가 원활한 발레 교습을 위해 발레 동작과 포즈에 붙인 명칭들이 지금까지도 사용되고 있는 것이다. 이것이 대부분의 발레 용어가 프랑스어인 이유다. 종합하면, 나의 발레나라는 발레 학원 연습실과 유튜브지만, 발레가 시작된 나라는 이탈리아요, 발레나라의 말은 (대부분) 프랑스어다. 발레가 이렇게나 융합적인 예술입니다, 여러분. 발레를 즐기는 여러분, 여러분이 진정한 융합형 인재.

포인트냐 뿌앙뜨냐, 그것이 문제로다

진정한 융합형 인재가 여러 개의 외국어를 학습할 때 겪는 현상은 대체로 비슷하다. 머릿속에서 기존에 알고 있던 외국어 지식과 새로 배우는 외국어 지식이 뇌 주인의 허락도 없이 융합한다. 제~발 융합 좀 해달랄 땐 안 해주면서 말이다. 유사한 언어끼리는 긍정적 간섭이 이루어지기도 하지만, 차이가 큰 언어끼리는 부정적인 간섭이 이루어지기도 한다. 대부분의 우리나라 사람들이 외국어로 영어를 가장 먼저 접하고, 이후 프랑스어를 공부하면 다음의 세 가지 차이 때문에 혼란스러울 수 있다.

RULE 1. 영어와는 다른 프랑스어 명사와 형용사의 어순
먼저 피수식어 명사와 수식어 형용사의 어순을 살펴보자. 한국어와 영어에서는 모두 수식어인 형용사가 대부분 피수식어 명사 앞에 등장한다. 발레 영화로 유명한 영화 〈블랙 스완〉(Black Swan)을 예로 들면, '스완(백조)'을 수식하는 형용사인 '블랙(검은)'이 명사의 앞에 등장한다. 한국어도 영어와 마찬가지로, '검은

백조'라고 하지 '백조 검은'이라고 하지 않는다. 그러나 프랑스어에서는 수식어가 피수식어 명사의 뒤쪽에 붙어 '백조(cygne) 검은(noir)'이라고 한다.

조금 더 익숙한 예를 들어보자. L사의 화장품 브랜드 '라끄베르(Lacvert)'는 원래 두 단어로, 한국어로 '초록(vert) 호수(lac)'를 의미하는 프랑스어다. 영어로도 '초록(green) 호수(lake)'지만, 프랑스어의 경우 수식어가 피수식어 명사의 뒤에 위치해 '호수(lac) 초록(vert)'이라고 한다. 또 다른 예로 '몽블랑(Mont Blanc)'도 있다. '몽블랑'은 '흰 산(white mountain)'이라는 뜻인데, 프랑스어에서는 피수식어와 수식어의 어순이 뒤바뀌어 '산(mont) 흰(blanc)'이 된다.

블랑(blanc)이 나온 김에 발레 용어에 살짝 적용해보자. 하얀 로맨틱 튀튀(tutu)의 아름다움을 마구 뽐내는 '발레 블랑(ballet blanc)'도 영어로 번역하면 '흰(white) 발레(ballet)'다. 한국어와 영어는 수식어가 앞에 오고, 프랑스어는 뒤에 붙는다. 그래서 프랑스어인 발레 용어 중에는 명사의 수식어가 한국어와 영어 어순과는 달리 뒤에 위치하는 단어들이 적지 않다. 이쯤 되면 많은 물음표가 머리를 비집고 들어올 것이다.

'큰 발차기를 뜻하는 그랑 바뜨망(grand battement)도 바뜨망이 그랑을 수식하고 있던 거라고?' 뺑 치시네.

'그렇다면 바뜨망 그랑이라고 해야 정통 프랑스어인가?'

'내가 그동안 썼던 말이 엉터리 프랑스어였단 말인가?' 혼돈의 카오스가 시작된다.

충분히 궁금해할 수 있는 합리적인 의심이다. 해답은 이렇다. 논리적인 이해가 어려운 모든 어법 설명에 단골로 등장하는 레퍼토리가 있다. 여러분도 다 알고 있는 바로 그것이다. 발레 용어의 어법에도 어김없이 '예외'가 있다. 프랑스어 어법은 특히 이 빌어먹을 '예외'가 정말 많아 까다롭기로 악명 높은 언어 중 하나다. 국적, 색, 형태 등의 특성을 나타내는 대부분의 형용사의 어순은 앞서 설명한 바와 같지만, '크다(grand)', '작다(petit)'와 같이 매우 자주 쓰는 짧은 일상 용어는 한국어, 영어와 동일하게 앞에서 수식한다. '매우 자주 쓰는'의 기준은 화자에 따라 다르니 결국은 외우는 것만이 해답이다. 다행스럽게도 이 책의 목적은 프랑스어를 정복하는 것이 아니고 발레 프랑스어 정복이다. 발레 프랑스어에 자주 등장하는 몇 가지 용어를 예로 들어 살펴보고 유창하게 사용할 수 있으면 이 어법은 정복한 것으로 칠 수 있다.

그랑 바뜨망(grand battement)	**당스 끌라씩끄**(danse classique)
그랑 쥬떼(grand jeté)	**땅 르베**(temps levé)
쁘띠 알레그로(petit allégro)	**땅 리에**(temps lié)

'그랑 바뜨망', '그랑 쥬떼', '쁘띠 알레그로'를 보면 알 수 있듯이 자주 사용하는 짧은 형용사인 '큰(grand)', '작은(petit)'은 명사의 앞에서 수식하고, 그 외 '클래식한(classique)', '들어올려진(levé)', '연결된(lié)'과 같은 형용사는 명사의 뒤에서 수식한다. '클래식 튀튀(classical tutu)', '클래식 음악(classical music)'과 같은 단어 배열에 익숙한 우리에게 '당스 끌라씩끄(danse classique)'라는 정반대의 단어 배열은 프랑스어 어순에 대단한 비밀이 숨어 있을 거라는 의문을 자아내기에 충분하다. 이제 여러분은 이러한 의문에 대해 누

구보다 속 시원히 대답할 수 있다. 앞으로는 혹시 틀린 발레 용어를 썼을까 봐 조심스럽게, 소심하게 얼버무리지 않아도 된다. '왜' 그렇게 생겨 먹었는지도 속 시원히 설명할 수 있는 경지에 이른 것이다. 이로써 발레와 한층 친해진 느낌이 들었다면 성공이다.

RULE 2. 프랑스어에는 영어에 없는 '이것'이 있다!

두 번째 특징은 프랑스어에 존재하는 '성별'의 영향 때문이다. 프랑스어는 모든 명사가 '여성형'과 '남성형'으로 분류된다는 특징이 있다. 단어의 성별이 없는 한국어와 영어에 익숙한 우리에게는 대체 무슨 말인지 와닿지 않을 것이다. 예를 들어 집(maison), 춤(danse), 테이블(table)은 여성이다. 남자가 사는 집도, 남자가 추는 춤도, 남자가 앉은 테이블도 여성형 명사다. 반면, 책(livre), 개(chien), 고양이(chat)는 남성이다. 물론, 암캐와 암고양이를 지칭하는 단어가 따로 있기는 하지만, 일반적으로 개와 고양이를 통칭할 때에는 남성형 명사를 쓴다. 대상의 생물학적 성별과 무관한 단어 자체의 고유한 성별 값이 있다는 의미다. 무생물에도 성별이 있으니 생물들은 너무 억울해 말자.

　더욱 절망적인(?) 것은 명사의 성별에 따라 수식하는 형용사의 형태도 바뀐다는 것이다. 수식하는 대상이 여성형 명사인지 남성형 명사인지에 따라, 즉 명사의 성별에 따라, 형용사의 형태도 변화한다. '큰'을 의미하는 '그랑(grand)'도 뒤에 남성형 명사가 오는지 여성형 명사가 오는지에 따라 'grand(남성형 명사가 오는 경우)'으로 쓰기도 하고, 'grande(여성형 명사가 오는 경우)'로 쓰기도 한다. 여성형 명사를 꾸미는 형용사 뒤에 붙는 'e'가 있느냐 없느냐에 따라 발음도 달라진다. 발음에 관한 이야기는 Rule 3에서 보다 자세히 알아보자.

'하…, 단어만 외우는 것도 복잡한데, 단어가 가진 고유 성별까지 기억해야 하다니.'

막간 상식 하나. 이쯤에서 발레 용어가 독일어가 아닌 것에 세 번 절을 하고 넘어갈 필요가 있다. 독일어는 중성까지 세 개의 성별이 존재한다. 보상 선생님, 메르씨 보꾸! 각설하고, 다시 한번 기억하자. 우리가 익히고자 하는 건 프랑스어가 아니라 발레 프랑스어다. 발레 프랑스어에 등장하는 단어만 잘 기억하면 된다. 지금까지 글을 읽는 동시에 예문에 있던 '그랑 바뜨망(grand batte-ment)', '그랑 쥬떼(grand jeté)'를 떠올리고 '바뜨망과 쥬떼는 남성형 명사였구나' 하며 눈을 반짝였다면 Rule 2도 벌써 절반은 정복한 셈이다. 완전 정복 했는지의 여부를 재빠르게 테스트해보자.

팔을 길게 늘이는 동작을 일컫는 '알롱제'의 프랑스어 표기는 'allongé'다. 그리고 '아라베스끄(arabesque)'는 여성형 명사다. 다음 중 아라베스끄 알롱제의 프랑스어 표기로 알맞은 것은 무엇일까?

---

1. arabesque allongée   2. arabesque allongé

발레 책을 읽으며 가볍게 머리 식히려고 했다면 사죄의 말씀을 전한다. 빈칸에 알맞은 뭘 맞혀보라고 하지를 않나, 뜬금없이 번호를 들이밀며 양자택일을 하라고 하질 않나, 자꾸만 시험에 들게 하니 말이다. 하지만 발레 프랑스어 학습도 언어 학습이고,

더구나 이미 한국어나 영어 등 다른 언어 체계에 익숙한 학습자들이 절대다수이다 보니 결국 완전히 내 것으로 만들려면 주입식 학습, 단순 반복의 힘에 의지할 수밖에 없다. 주입하고 나면, 반복하고 나면 발레 클래스에서 조금은 더 행복할 수 있다. 대학 가면 행복해진다는 부모님의 주입식 말씀이 떠오르는 건 왜 때문이죠? 행복한 대학 생활과 부모님의 은혜를 생각하며 정답을 알아보자. 먼저 'arabesque allongée'를 선택하신 분들께는 축하의 인사를 드린다. Rule 2도 완전 정복한 것이다. 알롱제의 기본형은 'allongé'이지만, 여성형 명사인 아라베스끄를 만나 'allongé'에 e를 붙인 'allongée'로 표기해야 옳다.

지금까지 간단하게 어법에 관해 살펴봤다. 하지만 발레 프랑스어에 눈을 '게슴츠레' 뜬 정도다. 이제 발레 프랑스어 학습의 대망의 하이라이트이자, 실제 발레 용어를 배우는 데 가장 유용하고 필요한 부분만을 남겨두고 있다. 바로 발음이다.

RULE 3. 영어와는 다른 프랑스어 발음의 특징

발음은 이 책에서 다루는 세 가지 규칙 중 설명할 것이 가장 많다. 안타깝게도 독자 입장에서는 외울 것이 많다는 의미이기도 하다. 그런 만큼 나도 긴장되고 부담되는 순간이 아닐 수 없다. 하지만 이 부분까지 정복하고 나면 발레 프랑스어에 완전히 눈을 뜨게 되는 것이다. 공양미 삼백 석 없이도 눈을 뜰 수 있는 절호의 기회, 절대 놓치지 마세요!

이번 장의 소제목을 상기해보자. '포인트냐, 뿌앙뜨냐.' 발레를 어느 정도 접해본 사람이라면 포인트와 뿌앙뜨라는 두 표현

이 모두 낯설지 않을 것이다. 특히 발레가 아닌 일상에서도 많이 쓰는 외래어인 '포인트'는 상당히 친숙한 단어다. 당연히 영어로든, 한국어로든 정확하게 발음하고 쓰는 법을 알고 있을 것이다. 이번 시험은 쉽네요. point죠. 물론 원어민이 쓰는 영어식 발음에 가깝게 발음하려면 어느 부분에 강세를 주어야 하는지, 맨 마지막 't'는 어느 정도 발음해야 하는지 등 아주 세부적으로 따지고 들어가면 복잡해진다. 하지만 우리에게 익숙한 단어이기 때문에 누가 '포인트'라는 단어를 말하면 그것을 알아들을 수 있고, 받아쓸 수 있고, 자신 있게 큰 소리로 말할 수도 있다.

　반면 '뿌앙뜨'는 살짝 자신이 없다. 알파벳을 쓴다는 것은 똑같지만 뜻도, 철자도, 발음도 다르다. 발레 용어의 '포인트'는 앞서 자랑스럽게 외친 'point'가 아니다. 프랑스어에도 'point [뿌앙]'이라는 단어가 있지만 뜻이 다르다. 발레 용어의 포인트, 즉 뿌앙뜨는 'pointe'라고 쓴다. 영어에 익숙한 많은 사람들이 프랑스어 단어를 보고도 영어식 발음으로 읽기 때문에 발레 용어에서 '포인트'라는 표현이 전혀 낯설지는 않다. 물론 '포인트'라고 해도 소통에는 전혀 문제가 없다. '김치'를 '킴취'라고 말한다고 해서 못 알아듣는 사람이 없는 것과 마찬가지다. 그러나 그것은 우리가 '김치'라는 단어의 원어 발음과 뜻을 잘 알고 있기 때문에 가능한 일이다. 이처럼 단어의 원래 모습이 어떻게 생겼는지를 알고 나면 영어식으로든 한국어식으로든 변형돼 들리는 말에도 당황하지 않고 대처할 수 있다. 이왕 발레 프랑스어에 눈을 뜨기로 마음을 먹은 김에 프랑스어의 발음에도 눈을 떠보는 것을 권유한다.

단 두 가지 법칙으로 발레 프랑스어를 프랑스어 발음에 가깝게 읽을 수 있는 간단한 원리를 살펴보자.

법칙 1. 영어를 읽을 때와는 다른 '프랑스어적 느낌적인 느낌'으로 발음한다.

가장 모호하지만 한마디로 모든 것을 설명할 수 있는 표현이다. '느낌적인 느낌', 요샛말로 한술 더 떠 '너낌적인 너낌'. 과연 어떤 '너낌'인지 먼저 알파벳순으로 영어 발음과 차이가 상당한 놈들만 골라 한글 표기와 함께 비교해봤다. 속았다. 단 두 가지라더니, '너낌적인 너낌' 속에 모두 때려 넣었을 줄이야.

[c]

영어의 c는 '쓰'와 'ㅋ'에 가깝게 발음하는 두 가지 경우가 있다. 프랑스어도 마찬가지다. 차이는 'ㅋ'로 발음하는 경우일 때 두드러진다. 프랑스어 c는 'ㅋ'보다 'ㄲ'에 가깝다. c 뒤에 r이 붙어 'cr-'이 되는 경우는 예외로 'ㅋ'에 가깝게 발음한다. 프랑스 남부 도시 'Cannes'에서 열리는 영화제를 '칸' 영화제나 '깐느' 영화제라고 하는 것도 이 때문이다. 칸은 프랑스어를 영어식 발음으로 읽은 것이고, 깐느는 프랑스어식 발음으로 읽은 것이다. 발레 수업을 좀 들어봤다 하는 사람들은 '이 정도쯤이야' 하고 있을 것이다. 옆 바의 수강생을 힐끔 쳐다보며 '난 언제 저만큼 젖혀보나' 하는 생각을 늘 하게 만드는 동작인 깡브레(cambré)가 바로 c로 시작하는 대표적인 동작 중 하나다. 원어에 더 가깝게 읽으려면 사실 표기가 '껑브헤'에 더 가까워진다.

여기서 잠깐. 발레 프랑스어의 원어 발음을 익히는 동안에는 왜 이것을 익히는지를 끊임없이 상기해야 한다. 우리는 지금 발레 수업 시간에 당황하지 않기 위해서, 수업 끝나고 원활하게 복습 혹은 자습을 하기 위해서 발레 프랑스어를 익히고 있다. 우리가 익히는 발레 프랑스어는 최대한 원어 발음에 가까우면서도 수업 시간에 실제로 사용하는 단어의 발음과도 큰 이질감이 없어야 한다. 저 껑브헤가 잘 안 되는데… 껑… 뭐요? 그런데 간혹 수업 시간에 사용하는 단어의 발음이 원어 발음과 그리 동떨어져 있지 않은데도 한국어 지식과 영어 지식이 개입돼 철자를 예상하기 힘든 단어들이 있다. 대표적인 것이 바로 가브리올(cabriole)이다. 놀랍게도 가브리올은 g로 시작하지 않는다. 충!격! 유튜브에 'gabriole'을 온종일 쳐봤자 '가브리올 싱클레어(Gabriole Sinclaire)'라는 가수만 나온다. 정말이다. 프랑스어로 'cabriole'이라고 표기하는 발레 동작 가브리올의 원어에 가까운 발음은 [꺄브리올]이다. 타협하지 않은 진짜 프랑스어식 발음은 [꺄브히올]에 가깝다. 외국어를 업으로 삼고 있는 나의 직업 정신과 발레 프랑스어 소개라는 막중한 사명이 자꾸만 부딪혀서 진짜 발음은 사실 이것에 더 가깝다는 사족을 붙이는 중이다. 다시 한번 말씀드리지만, 발레 프랑스어에서는 꺄브리올만 알면 충분하다.

맙소사, 겨우 c 하나 마스터하는 데 무려 두 페이지가 걸렸다. 하지만 걱정하지 않아도 된다. 발레 프랑스어 발음을 익히는 취지를 구구절절 설명하느라 길어진 것을 눈치챘을 테니 안도의 한숨과 함께 가벼운 마음으로 다음 알파벳으로 넘어가면 되겠다.

[e, é]

발레 용어를 검색하기 위해 용어 리스트를 펼쳐놓고 키보드 자판에 원어 철자를 직접 입력해본 사람이라면 당황했던 경험이 있을 것이다. 'e는 알겠는데 e 위에 묻은 건 뭐지, 어떻게 입력하는 거지?' 하면서 말이다. 악쌍(accent)이라고 하는 발음 보조 부호인데, 오른쪽 e 위로 삐친 악쌍 떼귀(accent aigu) 이외에도 두 종류가 더 있다. 발레 용어 발음을 익히기 위해서는 e에 악쌍 떼귀가 붙은 경우만 알아도 충분하다. 발레 용어에는 세 가지 악쌍 중 악쌍 떼귀가 붙은 단어가 압도적으로 많기 때문이다. e의 발음은 악쌍 떼귀가 붙는 경우와 뒤에 자음 알파벳이 붙는 경우에 따라 달라진다. **악쌍이 붙지 않고 뒤의 자음자와 이어지지 않을 경우에는 [으], 악쌍이 붙어 있거나 e 뒤의 자음자와 이어지는 경우는 둘 다 [에]로 발음한다.** 물론 예외도 있다. 예외 이 빌어먹… 아, 아닙니다. 'demi'를 영어식으로 '데미'나 '디미'라고 읽지 않는 것으로 기억하면 쉽다. 악쌍 표기가 없고, m이 e와 이어지는 자음이 아니기 때문에 [드미]라고 읽는다. 쁠리에', 쥬'떼'를 정확히 표기하기 위해서는 'plie, jete'가 아니라 'plié, jeté'와 같이 반드시 양음 부호인 악쌍 떼귀를 붙여야 한다는 점을 기억해두자. 프랑스어 입력 키보드 변환이 조금 귀찮더라도 말이다.

[h]

h는 **발음하지 않는다.** 그래서 쉽기도 하고 어렵기도 하다. 앙 오라는 용어에 h가 들어 있을 줄 누가 알았겠는가. 앙 오는 en haut로 표기하고, haut의 h는 발음하지 않는 원칙에 따라 [오]로 읽

는다. [오트]가 아닌 이유는 법칙 2에서 확인할 수 있다.

[j]

j를 발음할 때의 입과 혀의 모양과 혀끝의 위치는 한국어의 'ㅈ'과 영어의 'j'를 발음할 때와는 현저하게 다르다. **혀를 살짝 들어 올려 혀끝이 입 안 어디에도 닿지 않은 채 혀 아래 설소대가 있는 공간에 공기를 반쯤 채운 상태에서 발음을 시작한다.** 그래서 '주'보다는 모음 발음이 조금 더 뭉개진 '즈'와 '쥬' 사이의 어딘가에 존재할 법한 미지의 모음이 결합된 소리를 낸다. 우리 집 앞 빵집의 이름을 뚜레'주'르가 아닌 뚜레'쥬'르로 표기하고, jeté도 한글로 표기하자면 제떼보다 즈떼와 쥬떼 사이의 어딘가쯤의 소리와 가까운 이유도 그 때문이다.

[m, n]

m, n은 초성으로 나올 때는 영어의 m, n과 발음에 큰 차이가 없다. 단, **모음 뒤 한국어의 받침에 해당하는 역할로 쓰이는 경우에는 영어의 'ng' 발음과 유사하게 읽는다.** 특히 발레 용어에서 am, em, en, in 이 자주 등장하는데 '암, 안, 인'이 아닌 '앙'과 비슷하게 읽는다. 그래서 en haut를 '안 오'가 아닌 '앙 오'로 발음한다. 그러나 이때도 m이나 n 바로 뒤에 모음 철자가 오는 경우 연음 법칙'을 적용한다. en avant은 단어를 각각 읽으면 '앙'과 '아방'이지만, 두 단어를 붙여 읽으면 연음 법칙을 적용해 [아 나방]이라

ㅣ   앞의 받침이 뒤 음절의 첫소리로 발음되는 음운 법칙

고 읽는다. 발레 수업을 듣다가 갑자기 '안아 볼' 뻔한 이유의 비밀이 바로 여기에 있었다. 한국사람이라면 누구나 '내(mon) 친구(ami)라는 뜻의 모나미 볼펜을 한번쯤 사용해봤을 것이다. 모나미도 두 단어를 따로 읽으면 '몽'과 '아미'이지만, 붙여 읽으면 연음 법칙을 적용해 [모나미]라고 읽는다. 연음 법칙에 충실한 내 친구 볼펜, 덕분에 기억할게요. 메르씨 보꾸!

[p]

뒤에 r가 붙지 않는 p는 **'빠'에 가깝게 발음한다.** 쁠리에(plié), 뿌앙뜨(pointe), 삐에(pied)가 그 예시다. 뒤에 r가 붙는 경우에는 예외적으로 'ㅍ'에 가깝게 발음한다. 준비 동작을 의미하는 'préparation'을 프랑스어 발음에 가장 가깝게 표기하자면 프레파라시옹, 쁘레빠라시옹, 쁘레파라시옹이 아니라 [프레빠라시옹]이라고 해야 한다.

[q]

'ㅋ'보다는 'ㄲ'에 가깝게 발음한다. 가방과 지갑 등의 브랜드로 잘 알려져 있는 루이 까또즈(Louis Quatorze)를 [카]또즈로 발음하지 않는 것으로 기억하면 편하다. 브랜드 이름은 '까또즈'이지만, 원어 발음에 보다 충실한 표기는 '꺄또즈'다.

[r]

r는 프랑스어 발음 학습에 있어 가장 중요한 알파벳이라고 해도 과언이 아니다. 비원어민 화자가 프랑스어를 얼마나 세련되게 구

사하는지를 보려면 r발음을 들어보라는 우스갯소리도 있을 정도다. 한글 표기는 영어 r의 영향 때문인지 'ㄹ'로 하고 있지만, **사실 원어의 발음은 'ㅎ' 발음에 더 가깝다.** 'r'라는 철자의 이름도 '에흐'로 'ㄹ'의 작은 흔적조차도 들어가 있지 않은데 말이다. 입천장 끝과 목구멍 입구가 만나는 지점에서부터 공기를 '켁' 하고 내뿜는 느낌으로 내는 소리라고 생각하면 쉽다. 흔히 가래침을 뱉는 느낌으로 내는 소리에 비유되곤 한다. 한국어에도 영어에도 유사한 발음이 존재하지 않아 더욱 어렵게 느껴지지만, 발레 프랑스어의 학습 목적을 다시금 상기해 '홍 드 장브(rond de jambe)'가 아닌 한국식 표기와 한국식 발음에 최대한 가깝게 '롱 드 장브'로 타협해 소개하겠다.

[t]

초성으로 등장하는 경우나 p와 비슷하게 r이 붙어 'tr-'이 되는 경우를 제외하고는 **'ㄸ'에 가깝게 발음한다.**

[eu]

프랑스어의 모음은 두 개 이상 모이면 전혀 예상하지 못한 발음으로 변신하기도 한다. eu는 단어마다 발음이 조금씩 다르다. 입술을 넓게 오므린 상태에서 [외]를 발음하려다가 말거나, [으]와 [우] 사이의 어딘가에서 서성이는 듯한 발음을 낸다.

[oi]

oi는 입술을 앞쪽으로 최대한 둥글게 모은 상태에서 앞 자음이 어떤 것이냐에 따라 [오와] 또는 [우아]와 비슷하게 발음한다.

[ou]

ou 역시 입술을 오므려 발음하는 [우]에 가깝게 발음한다.

지금까지 살펴본 내용을 간단히 표로 정리해보자.

c	'ㅋ'보다 'ㄲ'에 가깝게 발음한다. cr-은 'ㅋ'로 발음한다. cambré [깡브레] | croisé [크로와제]
e, é	악쌍이 붙지 않고 뒤의 자음자와 이어지지 않을 경우에는 [으], 악쌍이 있거나 뒤에 자음자와 이어지면 [에]로 발음한다. pas de bourrée [빠 드 부레]
h	발음하지 않는다. en haut [앙 오]
j	혀끝이 입 안 어디에도 닿지 않은 상태로 발음을 시작한다. jeté [즈떼] 또는 [쥬떼]
m, n	앞에 모음이 있을 경우 영어의 'ng' 발음과 같이 발음한다. renversé [랑베르쎄]
p	'ㅍ'보다 'ㅃ'에 가깝게 발음한다. pr-은 'ㅍ'로 발음한다. plié [쁠리에] | promenade [프로므나드]
q	'ㅋ'보다 'ㄲ'에 가깝게 발음한다. pas de quatre [빠 드 꺄트르]
r	원어 발음은 'ㅎ'에 가깝지만, 발레 용어에서는 'ㄹ'로 타협한다. relevé [를르베]
t	'ㅌ'보다 'ㄸ'에 가깝게 발음한다. tr-은 'ㅌ'로 발음한다. en tournant [앙 뚜르낭] | entrechat [앙트르샤]
eu	[외]를 반만 발음하거나, [으]와 [우] 사이 모음으로 발음한다. danseur [당쇠르] | pas de deux [빠 드 두]
oi	[오와] 또는 [우아]에 가깝게 발음한다. pas de trois [빠 드 트로와]
ou	[우]에 가깝게 발음한다. coupé [꾸뻬]

법칙 2. 단어의 맨 마지막 철자가 자음인 경우에는 발음하지 않는 다. (c, f, l, r 제외 ※예외 많음 주의)

단어의 맨 마지막 철자가 자음인 경우에는 대부분 발음하지 않는 다. 예외가 있지만, 마지막 철자가 c, f, l, r로 끝나는 경우에는 대부분 발음을 하고 b, d, p, s, t, x로 끝나는 경우에는 마지막 철자 바로 이전 철자까지만 발음한다. 바뜨망(battement)의 맨 마지막 철자가 t인데도 발음하지 않는 것이 바로 이 법칙 때문이다. 또 발레를 발렛이라고 하지 않는 것도 맨 마지막 t를 발음하지 않는 프랑스어식 발음 법칙 때문이다. 이제야 밝혀진 '앙 오트(X)', '앙 오(O)'의 비밀

자신이 한글을 처음 읽었을 때 느꼈던 가슴 벅찬 희열을 기억하는 사람은 많지 않을 것이다. 부모라면 자녀가 한글을 처음 읽었을 때 기특하고 신기한 마음에 단어 카드를 이것저것 들이밀기도 하고, 길거리에서 눈에 보이는 간판을 모두 읽어보게 했던 기억이 있을 것이다. 또 학생이거나 자녀가 없다면 영어 알파벳을 다 익히고 마침내 영어 단어를 스스로 읽을 수 있게 됐을 때의 뿌듯함을 떠올려보자. 영어 학원에 다닌 지 몇 주쯤 됐을 무렵, 드디어 A부터 Z까지의 파닉스를 모두 익히고는 내가 아는 지식을 총동원해 단어 읽기에 한창 재미를 붙이던 시절이 있었다. 특히 영어 학원 교재에 나오지 않은 단어일수록 다른 사람의 도움 없이 이뤄냈다(=읽어냈다)는 뿌듯함에 그 성취감은 더 컸다.

본격적으로 발레 프랑스어에 입문하기 앞서 발레 프랑스어에 자주 등장하는 숫자, 형용사, 명사, 전치사를 따라 읽어보며 오랜만에 그러한 성취감을 느껴보도록 하자. 준비 운동이 탄탄

하면 본 게임에 들어가도 든든한 법이니. 형용사, 명사, 전치사… 수능 이후로 너희들의 이름을 다시 들을 줄이야.

본 게임을 위한 준비, 심신의 안정을 위한 필수 단어

나는 9년 차 취미발레인이다. 안녕하세요, 소개가 많이 늦었습니다.

프랑스어에 한참 빠져 있던 시절도 사실 발레에 한창 빠져 있을 시절이었다. 당시에 꿈꾸던 로망 중 한 가지가 있었다. 프랑스에 가서 발레 수업을 듣는 것. 그 로망은 생각보다 빨리 이루어졌다. 발레를 배운 지 3년 반, 프랑스어를 배운 지 1년 반쯤 됐을 때, 당시 빠리에서 유학 중이던 동생을 만나러 가서 꿈에도 그리던 발레 클래스를 수강하게 됐다. 외국어 학습에는 좀 일가견이 있는 편이라고 자부하던 나였지만, '1년 반이나 배웠는데 일상 회화에 문제가 있겠어?'라는 오만한 기대가 와장창 깨지는 데까지 그리 오랜 시간이 걸리지 않았다.

동생은 학교를 마치고, 나는 숙소에서 각자 출발했기에 발레 클래스 앞에서 만나기로 했다. 먼저 도착한 내가 연세가 지긋하신 발레 선생님께 우리 자매는 1회 수강생이며, 수강료를 카드로 계산해도 되는지 등을 물어보려고 하는데 생각만큼 의사소통이 잘되지 않았다. 성급한 일반화의 오류일 수 있지만, 내가 현지에서 만난 대부분의 프랑스인들은 말이 매우 빨랐다. 선생님도 예외는 아니었다. 빨랐다. 매우 빨랐다. 잠시 후 동생이 도착해 자세히 설명해 위기를 넘겼지만, 얼마나 고대해온 시간인데 정작 수업 때 선생님의 설명을 못 알아들을까 봐 잔뜩 긴장한 채로 클래스에 들어갔다.

다행히도 내 예상은 빗나갔다. 잔뜩 머금은 긴장감이 무색하게도 숫자, 방향, 속도, 동작, 신체 부위 정도의 단어 정도만 알아들을 수 있으면 수업을 따라가는 데 전혀 지장이 없었다. 심지어 그날 따라 여러 수강생이 같은 잘못(?)을 해도 유독 선생님이 집중적으로 나만 지적했는데, 그 말들도 모두 알아들을 수 있었다. 그래서 더 속상했던 것은 안 비밀. 속상한 마음과 별개로 '발레 프랑스어를 익혔다=굉장한 무기를 얻었다'는 자신감이 생겼을 뿐만 아니라 내 취미발레 역사에 무용담으로 길이길이 남을 수 있는 이벤트가 생긴 것 같아 취발인으로서 한층 업그레이드 되는 느낌이었다. 발레 실력이나 업그레이드 하고 좀… 아무튼 심신의 안정을 가져다준 필수 단어들을 함께 살펴보자. 물론 눈으로 보기만 하면 안 된다. 뜻은 길게 설명하려야 할 수 없을 정도로 간단하다.

숫자

중국어와 일본어를 할 줄 모르는 사람들도 '이, 얼, 싼, 쓰(一, 二, 三, 四)'와 '이찌, 니, 산, 시(いち, に, さん, し)' 정도는 들어본 적 있을 것이다. 프랑스어를 잘 몰라도 '앙, 두, 트로와(un, deux, trois)'를 들어본 사람이 많은 것처럼 말이다. 발레 용어에 자주 등장하는 숫자는 1, 2, 3에 3개 추가해 6까지 정도만 알면 큰 불편은 없다. 특히 2(deux), 3(trois), 4(quatre), 6(six)은 자주 쓰이니 기억해두면 좋다.

영어로 숫자를 배울 때 원(one), 투(two), 쓰리(three)를 외우고서 '이제 영어 숫자는 문제 없어!' 하고 생각할 때쯤 혜성처럼 등장해 대혼란을 일으키는 주인공들이 있다. '퍼스트(first), 세컨드(second), 써드(third)…'처럼 순서를 나타내는 숫자인 '서수'다. 발레에서 자주 사용하는 서수도 알아두면 도움이 될 것이다.

'첫 번째'를 뜻하는 프르미에(premier)는 발레단 소속 무용수 등급 중 수석무용수, 제1무용수[2]를 뜻하는 '프르미에 당쇠르(premier danseur)'를 지칭할 때 사용한다. 마지막 자음이 'r'인데도 발음을 하지 않는 예외 중 하나인 '프르미에'가 일상적으로 자주 사용하는 형용사 분류에 속하기 때문에 명사인 당쇠르(danseur)를 앞에서 수식한다. 남성 무용수인 당쇠르를 수식할 때에는 프르미에(premier)라고 쓰고, 여성 무용수인 당쇠즈(danseuse)를 수식할 때에는 e를 하나 더 붙여 프르미에르(première)라고 쓴다. 친절한 발음 도우미: 'r'가 마지막 철자가 아니니 발음을 해준다.

특정 무용수 개인을 지칭할 때에는 성별 구분을 하지만, 현재 프랑스어권 발레단 무용수 등급의 기본 명칭은 남성형을 사용하고 있다. 정확히 말하면 남성 복수형인 premiers danseurs를 쓴다. 프랑스어의 복수형도 영어처럼 단수형에 s를 붙이는 형태다. 사실 프랑스어 어법의 특징 중 하나인 명사의 성별에 따라 형용사의 형태가 바뀐다는 점을 설명할 때 독자 여러분에게 숨긴 사실이 한 가지 있다. 형용사의 형태가 명사의 수량에 따라서도 달라진다는 것이다.

'두 번째'를 뜻하는 쓰공(second)은, 발레 이외의 영역에서는 두 번째를 표현할 때 deuxième(두지엠)이라는 단어를 훨씬 많이 쓴다. second은 주로 두 번째가 마지막일 때에 사용하고, deuxième은 뒤이어 세 번째, 네 번째가 따라 나올 때 사용한다. 예

---

[2] 파리 오페라 발레단에서는 수석무용수 등급을 '별'을 의미하는 'étoile [에뚜왈]'이라고 칭한다. 프르미에 당쇠르는 제1무용수를 의미한다.

외적으로 발레 용어에서는 세 번째, 네 번째가 있어도 second을 쓴다. 명사형인 la seconde(the second의 의미)를 사용해 '옆으로(to the side)'를 의미하는 à la seconde라는 용어가 대표적이다. 원래는 'the second position(두 번째 자세)', 프랑스어로는 'la seconde position'인데 position은 생략하고 seconde까지만 쓴다. 여기서 position이 여성형 명사이기 때문에 second이 아닌 seconde라고 쓰는 것이다.

프랑스어 [발음]	뜻	발레 프랑스어 사용 예시
un [앙]	1, 하나	
deux [두]	2, 둘	pas de deux [빠 드 두]: 2인무
trois [트로와]	3, 셋	pas de trois [빠 드 트로와]: 3인무
quatre [꺄트르]	4, 넷	pas de quatre [빠 드 꺄트르]: 4인무
cinq [쌩끄]	5, 다섯	
six [씨스]	6, 여섯	entrechat six [앙트르샤 씨스]: 앙트르샤 6회
premier/première [프르미에, 프르미에르]	1, 첫 번째	Premier Danseur [프르미에 당쇠르]: 수석무용수, 제1무용수
second(e) [쓰공, 쓰공드]	2, 두 번째	à la seconde [알 라 쓰공드]: 옆으로

크기, 정도, 상태, 방향, 위치, 신체 부위를 포함한 그 밖의 필수 표현을 빠르게 살펴보자. 나만 수능 단어장이 생각나는 게 아니라면 일단 성공이다. 결정적 시기(critical period) 이후에는 외국어 학습에 어느 정도 암기 과정이 꼭 필요하다. 하지만 지금껏 예문에 등장한 단어들은 이미 발레 클래스를 통해 대부분 의미를 알고 있는 것들이라 천만다행이라 생각한다. 프랑스어를 통해 낯선 발레 용어를 배우는 것이 아니라 우리가 아끼고 사랑해 마지않는 발레 용어를 통해 낯선 프랑스어를 저절로 외울 수 있는 진귀한 경험을 할 수 있으니 더없이 기쁘고 즐거운 일이다. 주입식으로 단어를 나열하고 있는 내 방식을 합리화하기 위한 변명이지만, 마음만큼은 진심이다. 동작을 떠올리며 단어를 보세요. 배움의 기쁨이 두 배가 됩니다. 學而時習之, 不亦說乎! (학이시습지 불역열호!: 배우고 때때로 익히니, 즐겁지 아니한가!)

크기, 정도

크기와 정도를 나타내는 단어는 영어를 통해 친숙한 단어와 처음 보는 단어가 섞여 있다. 그랜드 피아노가 업라이트(upright) 피아노보다 훨씬 큰 피아노라는 것은 익숙히 알고 있을 것이다. 발레 동작 용어 중 가장 많이 등장하는 단어 중 하나가 '큰'을 의미하는 '그랑(grand)'이다. 그래서 같은 동작이라도 앞에 그랑이 붙으면 크게 움직여야 한다고 충분히 예상할 수 있다. 또 정도를 나타내는 '드미(demi)'는 '절반'을 의미한다. 앞에 드미가 붙으면 원래 동작의 절반만 수행하면 된다.

프랑스어 [발음]	뜻	발레 프랑스어 사용 예시
grand(e) [그랑, 그랑드]	큰	grand jeté [그랑 쥬떼]
petit(e) [쁘띠, 쁘띠뜨]	작은	petit allégro [쁘띠 알레그로]
demi [드미]	절반의	demi-plié [드미-쁠리에]

상태, 방향, 위치

발레 용어에 주로 등장하는 상태, 방향, 위치 등의 표현을 알아
보자. 정리된 표현들 외에 프랑스에서 발레 클래스를 수강하
기 위해 필수로 알아야 할 표현으로 고쉬(gauche, 왼쪽)와 드로와
(droit, 오른쪽) 정도가 있다.

프랑스어 [발음]	뜻	발레 프랑스어 사용 예시
ouvert(e) [우베르, 우베르뜨]	열린	sissonne ouverte [씨쏜느 우베르뜨]
fermé(e) [페르메]	닫힌	sissonne fermée [씨쏜느 페르메]
devant [드방]	앞으로	battement tendu devant [바뜨망 땅뒤 드방]
derrière [데리에르]	뒤로	battement tendu derrière [바뜨망 땅뒤 데리에르]
à la seconde [알 라 쓰공드]	옆으로	battement tendu à la seconde [바뜨망 땅뒤 알 라 쓰공드]

en face [앙 퐈쓰]	정면으로	croisé en face [크로와제 앙 퐈쓰]
bas [바]	낮은	en bas [앙 바]
avant [아방]	앞의	en avant [앙]+[아방] → [아 나방]
haut [오]	높은	en haut [앙 오]

신체 부위

발레 동작의 이름 중 팔, 다리, 발 등 신체 부위의 명칭이 들어간 것들도 있다. 이 표현들을 기억하면 동작의 이름만 보고도 어느 부위를 움직여 수행하는 동작인지 알 수 있다. 실은 동작과 이름을 먼저 알고 있는 경우가 대부분이라 발레를 통해 어려운 프랑스어 공부를 쉽게 하고 있는 셈이다. 다시 한번 동작을 떠올리며 단어를 보세요. 배움의 기쁨이 세 배가 됩니다.

프랑스어 [발음]	뜻	발레 프랑스어 사용 예시
bras [브라]	팔	port de bras [뽀르 드 브라]
jambe [장브]	다리	rond de jambe [롱 드 장브]
cou-de-pied [꾸-드-삐에]	발목	sur le cou-de-pied [쒸르 르 꾸-드-삐에]
pied [삐에]	발	pied dans la main [삐에 당 라 망]

'춤' 관련 표현

땅(temps)은 영어로 직역하면 시간(time)이다. 발레 용어에서는 우리가 일반적으로 알고 있는 '시간'이나 '기간'의 의미보다 '무브먼트', 즉 '움직임'의 의미로 이해하면 된다. 발레 동작에 단골로 등장하는 용어다. 단독으로 사용되는 경우는 없고, 뒤에 붙는 르베(levé, 들린), 쏘떼(sauté, 뛰어 올려진), 리에(lié, 이어진) 등의 표현과 함께 사용한다. 빠(pas)는 스텝이라는 뜻인데, 발레 용어에서는 스텝이라는 의미 그대로 쓰이기도 하고, 춤이라는 의미로도 쓰여 pas de deux(2인무), pas de quatre(4인무) 등의 표현에 등장한다.

프랑스어 [발음]	뜻	발레 프랑스어 사용 예시
temps [땅]	시간, 때, 무브먼트	temps lié [땅 리에]
pas [빠]	스텝(step), 춤	pas de chat [빠 드 샤]
tour [뚜르]	한 바퀴 돌기	jeté en tournant [쥬떼 앙 뚜르낭]
air [에르]	공기, 공중	tour en l'air [뚜르 앙 레르]
terre [떼르]	땅	rond de jambe à terre [롱 드 쟝브 아 떼르]

정관사와 전치사

정관사 르(le)와 라(la)는 뒤에 오는 명사의 성별에 따라 구분해 사용한다. 남성형 명사 앞에는 le를 사용하고, 여성형 명사 앞에는 la를 사용한다. 프랑스어로 작문할 때 명사 앞에 정관사를 붙이느냐의 여부는 영어에서 the의 사용 여부를 결정할 때와 비슷하게 비원어민에게는 늘 100분 토론감이다. 그러나 우리는 작문 공부를 하는 게 아니다. 보샹 선생님께 감사하며 이미 작문이 다 된 단어들을 보고 "아, 이것이 정관사구나!" 하고 짧게 아는 체한 후 즐겁게 발레를 하면 된다. '앙 레르(en l'air)의 l은 원래 le(르)지만 뒤에 모음인 a가 바로 이어지기 때문에 '(모음 생략 부호, apostrophe)에 살짝 몸을 숨겨 놓은 것이구나' 하고 넘어가면 그뿐이다.

à는 주로 방향, en은 주로 위치나 방식을 나타낼 때 사용하는 전치사다. à la seconde(2번 포지션으로, 즉 옆으로), en tournant(돌면서), en bas(아래에서), en l'air(공중에서) 등의 용어로 기억하자. de는 소유를 나타내는 전치사로 영어의 of에 해당해 '~의'라는 뜻이다. '2인의 춤', '바스끄식의 점프'를 의미하는 pas de deux(빠 드 두), saut de basque(쏘 드 바스끄) 등의 단어에 등장한다.

프랑스어 [발음]	뜻	발레 프랑스어 사용 예시
le [르]	the (남성형 명사 앞)	en l'air [앙 레르] (en le air의 바른 표기)
la [라]	the (여성형 명사 앞)	La Bayadère [라 바야데르]
à [아]	to (~쪽으로)	à la seconde [알 라 쓰공드]
en [앙]	in (~에서, ~하며)	jeté en tournant [쥬떼 앙 뚜르낭]
de [드]	of	pas de bourée [빠 드 부레]

chapter 3

발레나라 말,
입을 떼보자

요약 그런 거 없다. 냅다 외우자.

＊

드디어 입을 떼보자　　　　　　　본격적으로 입을 떼기에 앞서
　　　　　　　　　　　　　　　　　용어들의 생김새를 살펴보자.
발레 동작 용어를 언어학적으로 접근해보면 발레라는 예술의
특징이 드러난다. 물론 예외도 있지만, 많은 동작의 명칭이 현재
시제 '동사'가 아닌 과거분사 형태를 띠고 있다. 즉, '형용사'의 형
태로, 움직이는 과정 또는 동작의 수행 방법을 설명하기보다 **그**
동작을 실행했을 때의 형태를 묘사하고 있다.

　바 워크(barre work) 순서의 가장 첫 동작인 쁠리에를 예로
들어보자. 프랑스어 동사 'plier'는 '구부리다'라는 의미다. 그래
서 무릎을 구부리는 움직임, 즉 동작으로 실행하는 쁠리에는
당연히 동사 'plier'라고 표기할 것이라고 생각했는데, 놀랍게
도 'plié(구부려진)'라는 표현을 사용하고 있었다. 쥬떼(jeté), 데가제
(dégagé) 등의 표기를 확인하면서 비슷한 충격과 혼란이 연이어
졌다. 그제야 발레 선생님이 수업 시간에 센터에서 동작을 가르
치며 늘 "사진을 찍힌다고 생각하고 동작을 하세요!"라고 강조
한 이유가 이해됐다. 찰나의 형상으로 궁극적 아름다움을 그려
내는 예술, 우리 모두가 그토록 사랑하는 발레 되시겠다.

　다시 한번 강조하지만, 이 책의 목적은 용어 사전처럼 발레
용어를 총망라하는 것이 아니다. 발레 수업 또는 발레 공연이나

영상 등을 통해 자주 접하는 발레 용어의 사전적 의미, 원어의 표기와 발음 등을 올바르게 알고 사용하자는 데 있다. 그토록 얼버무리던 발레, 너의 이름을 올바르게 부르기 위한 사전 작업이라고나 할까? 이제껏 알고 있던 발레 용어 지식이 군데군데 구멍이 숭숭 뚫리고 언제 무너질지 모르는 모래로 쌓은 성과 같았다면, 보다 견고하고 단단한 내구성을 갖추기 위해 모래 위에 물을 좀 첨가해 탄탄한 밑거름으로 만들어보자.

원어의 발음에 최대한 가깝게 표기를 하다 보니 국립국어원의 외래어 표기법 규정과는 어긋나는 것들이 꽤 많다. 파 드 두냐, 빠 드 두냐 그것이 문제로다.[1] 외래어 표기법에서는 사용을 금하고 있는 '빠, 따, 까'과 같은 된소리 발음들이 개인적으로 프랑스어 발음의 가장 큰 특징이자 매력이라고 생각한다. 그래서, 규칙에는 맞지 않지만 장고 끝에 거침없이 된소리를 사용하기로 했다. 갑니다, 빠 드 두로!

실제 네이버 포털에서 검색하면 국립국어원의 외래어 표기법에 맞게 자동 수정한 검색 결과를 보여준다. 그러니 외래어 표기법보다 원어 발음을 알리는 것이 목적인 이 책에서 '뚱'이니 '뿔'처럼 다소 익숙하지 않은 글자가 나오더라도 너무 당황하지 않도록 하자. 빠리 감성입니다. 그렇지만 서울에서 발레하는 서울 사람이 서울에서 책을 내면서 빠리 감성만 고집할 수 없는 법. 대한민국에서 한국어를 사용하며 발레 수업을 듣는 대다수의

---

[1] 심지어 이 싸움에서 국립국어원은 '파드되'의 손을 들어 주고 있었다. 'eu'가 들어가는 다른 단어들과의 일관성을 유지하기 위한 불가피한 선택이었겠지만, [외]를 채 끝까지 발음하기 전에 [으]와 [우]의 어느 지점에서 멈추는 발음을 '되'로 표기하는 것은 원어 표기에 가장 가까운 선택지는 아니라고 판단하여 이 책에서는 '으'와 '우' 사이에서 고민하다가 '우'로 결정했다.

독자들이 충분히 납득할 수 있는 적정선에서 타협한 표기를 사용했다.

그럼, 지금부터 단어의 의미를 생각하면서 동작 수행 방법과 수행 시 특별히 주의할 점을 함께 파헤쳐보자. 바가노바(러시아), 프렌치 스쿨(프랑스), 체케티(이탈리아), RAD(영국) 등 발레 티칭 메소드(method)별로 사용하는 용어가 조금씩 다른 경우도 있다. 하지만 이 책에서는 우리나라에서 가장 흔히 사용하고 있는 체케티 & 바가노바 메소드를 기준으로 정리하고, 프렌치 스쿨의 용어도 일부 소개했다. 용어 선정과 수행 방법, 주의할 점, 발레 관련 전문 지식에 관한 내용은 당연히 다수 발레 전문가의 감수를 거쳤으니 120% 신뢰해도 된다. 저자의 전문 분야는 '어떻게 하면 외국어를 쉽고 재미있게 쏙쏙 주입하는가'이니, 마음 편히 술술 읽으시면 됩니다.

발레 용어 101

용어 목록 ('가나다'순)

1 갸르구이야드 (Gargouillade)

2 그랑 바뜨망 (Grand Battement)

3 그랑 쁠리에 (Grand Plié)

4 그랑 에꺄르떼 (Grand Écarté)

5 그랑 쥬떼 (Grand Jeté)

6 글리싸드 (Glissade)

7 글리싸드 아쌍블레 (Glissade Assemblée)

8 깡브레 (Cambré)

9 꺄브리올 (Cabriole)

10 꽁트르땅 (Contretemps)

11 꾸뻬 (Coupé)

12 데가제 (Dégagé)

13 데뚜르네 (Détourné)

14 데띠레 (Détiré)

15 데블로뻬 (Développé)

16 드미-뿌앙뜨 (Demi-Pointe)

17 드미-쁠리에 (Demi-Plié)

18 땅뒤 (Tendu)

19 땅 르베 (Temps Levé)

20 땅 르베 쏘떼 (Temps Levé Sauté)

21 땅 리에 (Temps Lié)

22 똥베 (Tombé)

23 뚜르네 (Tourner)

24 라꾸르씨 (Raccourci)

25 랑베르쎄 (Renversé)

26 레베랑스 (Révérence)

27 롱 드 장브 (Rond de Jambe)

28 를르베 (Relevé)

29 림버링 (Limbering)

30 마네쥬 (Manège)

31 바뛰 (Battu)

32 바뜨리 (Batterie)

33 바뜨망 (Battement)

34 바뜨망 데가제 (Battement Dégagé)

35 바뜨망 데블로뻬 (Battement Développé)

36 바뜨망 땅뒤 (Battement Tendu)

37 바뜨망 바뛰 (Battement Battu)

38 바뜨망 퐁뒤 (Battement Fondu)

39 바뜨망 프라뻬 (Battement Frappé)

40 발랑쎄 (Balancé)

41 발로네 (Ballonné)

42 발로떼 (Ballotté)

43 부레부레* 정식 명칭은 본문에서 확인해보세요!

44 브리제 (Brisé)

45 빠 꾸뤼 (Pas Couru)

46 빠 드 바스끄 (Pas de Basque)

47 빠 드 부레 (Pas de Bourrée)

48 빠 드 샤 (Pas de Chat)

49 빠 마르셰 (Pas Marché)

50 빠쎄 (Passé)

51 빠쎄 빠 떼르 (Passé par Terre)

52 뽀르 드 브라 (Port de Bras)

53 뿌앙뜨 (Pointe) | 앙 뿌앙뜨 (En Pointe)

54 쁘띠 바뜨망 (Petit Battement) |

    쁘띠 바뜨망 쎄레 (Petit Battement Serré)

55 쁠리에 (Plié)

56 삐께 (Piqué)

57 삐께 앙 뚜르낭 (Piqué en Tournant)

58 삐루에뜨 (Pirouette)

59 삐아떼* 정식 명칭은 본문에서 확인해보세요!

60 샤쎄 (Chassé)

61 샹쥬망 (Changement)

62 셰네 (Chaînés)

63 쏘 드 바스끄 (Saut de Basque)

64 쏘 드 샤 (Saut de Chat)

65 쏘떼 (Sauté)

66 쑤뜨뉘 (Soutenu)

67 쑤브르쏘 (Soubresaut)

68 쑤-쒸 (Sous-Sus) | 쒸-쑤 (Sus-Sous)

69 쒸르 르 꾸-드-삐에 (Sur le Cou-de-pied)

70 씨쏜느 (Sissonne)

71 아띠뛰드 (Attitude)

72 아라베스끄 (Arabesque)

73 아라베스끄 빵셰 (Arabesque Penchée)

74 아롱디 (Arrondi)

75 아쌍블레 (Assemblé)

76 알 라 스꽁드 (À la Seconde)

77 알롱제 (Allongé)

78 앙 드당 (En Dedans) |

    앙 드오르 (En Dehors)

79 앙 바 (En Bas) | 앙 아방 (En Avant) |

    앙 오 (En Haut)

80 앙레브망 (Enlèvement)

81 앙부아떼 (Emboîté)

82 앙셴느망 (Enchaînement)

83 앙트르샤 (Entrechat)

84 에꺄르떼 (Écarté)

85 에쁠망 (Épaulement)

86 에샤뻬 (Échappé)

87 에파쎄 (Effacé)

88 잉글턴* 정식 명칭은 본문에서 확인해보세요!

89 쥬떼 (Jeté)

90 쥬떼 앙 뚜르낭 (Jeté en Tournant)

91 크로와제 (Croisé)

92 턴 아웃 (Turn out)

93 퐁뒤 (Fondu)

94 파이이 (Failli)

95 푸에떼 (Fouetté)

96 풀업 (Pull up)

97 프라뻬 (Frappé)

98 프레빠라시옹 (Préparation)

99 프로므나드 (Promenade)

100 플렉스 (Flex)

101 플릭-플락 (Flic-Flac)

발레 용어 101
사용설명서

'발레 용어 101'에서는 각 용어의 사전적 의미, 수행 방법, 그리고 흔히 용어 이름을 잘못 사용하고 있는 예시 등을 일부 삽화 및 사진과 함께 소개하고 있다. 본격적으로 용어 설명 파트를 시작하기에 앞서, 이전 장에서 표까지 제시하며 공부한 필수 발레 프랑스어 외에 추가로 설명하고 넘어갈 용어들이 몇 가지 더 있다. 동작의 수행 방법을 설명하는 '하우 투(How to)' 섹션에서는 동작의 이름을 모르는 사람도 텍스트만 읽고 따라 할 수 있을 만큼 쉽고 자세히 수행 방법을 풀어서 설명했는데, 반복적으로 자주 등장하는 쁠리에(plié), 뿌앙뜨(pointe), 그리고 발의 포지션은 길게 풀어 쓰는 대신 명칭을 사용했다. 특히 뿌앙뜨는 '포인'이라는 영어식 발음에 훨씬 익숙하므로 해당 표현을 사용했다.

쁠리에(plié)

'접다, 구부리다'를 의미하는 동사인 plier에서 파생돼 '굽힌, 접힌'이란 뜻. 무릎을 구부리며 앉는 동작을 의미한다.

뿌앙뜨(pointe)

'뾰족한 끝', 흔히 '포인'으로 발음하는 동작으로, 발끝을 최대한 펴는 동작이다.

1번 발

2번 발

4번 발

5번 발

갸르구이야드
Gargouillade

'(신체에서) 꾸르륵 소리가 난다'는 뜻의 동사 gargouiller의 '가글을 한다'는 뜻을 기억하자. '롱 드 장브 두블르(rond de jambe double)'라고도 한다.

이럴 수가, 첫 단어부터 듣도 보도 못한 단어라니. 하지만 절망하긴 이르다. 한 번쯤 해봤거나 봤던 동작일 것이다. 동작 설명을 들으면 무릎을 '탁' 칠 것이다. 점프 전이나 후, 착지하기 전 공중에서 무릎을 접어 발을 떨듯이 빠르게 차서 작은 원을 여러 개 그리는 동작이다. 입 안에서 가글을 하면서 빠르게 '보글보글' 하는 소리를 발로 그린다고 생각하면 쉽다.

그랑 바뜨망

Grand Battement

'큰' 혹은 '크게'의 의미인 그랑(grand)이 들어가는 모든 동작은 크게 움직이는 동작이다. '망치', '방망이'의 의미인 바뜨(batte)는 영어의 배트(bat)를 떠올리면 쉽게 기억할 수 있다. 바뜨망(battement)은 '두드리기', '차기', '구르기', 혹은 '(피스톤의) 왕복 운동'을 의미하므로 그랑 바뜨망은 발로 크게 하는 왕복 운동을 뜻한다.

1번 또는 5번 발 포지션에서 한쪽 다리(스탠딩 레그)에 중심을 잡고 중심축은 고정한 채, 앞뒤로 혹은 사이드로 다른쪽 다리(워킹 레그)를 힘차게, 최대한 높이 공중에 던지듯 차는 동작이다.

그랑 쁠리에

Grand Plié

Dic 쁠리에(plié)는 '접다', '구부리다'를 의미하는 동사인 plier가 기본형이다. '굽힌', '접힌'이라는 의미이므로, 그랑 쁠리에는 '크게 접힌'이라는 뜻이다.

How to 양발을 턴 아웃 한 상태에서 양쪽 허벅다리가 일직선이 되도록 무릎을 구부리며 앉는 자세다. 발의 포지션에 따라 무릎을 최대한 구부렸을 때 발뒤꿈치가 바닥에 붙기도 하고 떨어지기도 한다. 1, 4, 5번 발 포지션에서 그랑 쁠리에를 하는 경우에는 무릎을 끝까지 구부렸을 때 발뒤꿈치가 땅에서 떨어지고, 2번 발 포지션에서 하는 경우에는 뒤꿈치가 땅에서 떨어지지 않는다. 쁠리에는 117쪽, 드미-쁠리에는 77쪽을 보세요.

그랑 에꺄르떼
Grand Écarté

Dic 동사 écarter는 '(사이를) 떼어놓다', '벌리다', '멀리하다', '(서로) 떨어지다', '벌어지다'라는 의미다. 그랑과 합쳐진 그랑 에꺄르떼는 '크게 벌어진'이라는 의미다.

How to 상체와 시선을 45도 각도로 튼 상태에서 양다리가 벌어진 상태로 보이게 하는 동작으로, 다리를 최대한 높이 든다. 이때 팔과 다리의 사이도 최대한 열린 형태를 유지하기 위해 워킹 레그 쪽 팔을 위로 뻗는다. 이처럼 서서 수행하기도 하고, 앉아서 수행하기도 한다. 양다리를 앞이나 옆으로 최대한 벌린 프론트 스플릿(front split)과 사이드 스플릿(side split) 동작도 그랑 에꺄르떼의 일종이다.

그랑 쥬떼

Grand Jeté

Dic 쥬떼(jeté)는 '던지다'의 동사형인 jeter의 과거분사형이다. 그 랑이 붙어 '큰 쥬떼'가 된다. '크게 던져진' 것을 연상하며 몸이 힘껏 던져지는 느낌으로 뛴다.

How to 뒷발이 앞발을 쫓아가 부딪히면서 뛰는 샤쎄(chassé)로 도 움닫기 후 다리를 공중으로 크게 들어 점프한다. 뒤쪽 다 리도 쭉 펴서 힘 있게 날아올랐다가 쁠리에(plié)로 착지한 다. 0.00001초라도 중력의 힘을 거슬러보려는 노력이 중요 하다. 누군가 등 뒤에서 나를 힘껏 떠민다고 생각하고 멀리 던지자.

글리싸드

Glissade

글리싸드(glissade)는 '미끄러지다'라는 뜻의 동사 glisser의 명사형으로, '미끄러지기'를 의미한다.

5번 발 포지션에서 쁠리에(plié)를 해 한쪽 발을 쓸어가듯이 바깥쪽으로 내던진 뒤 미끄러지듯이 점프해 진행 방향으로 중심을 이동한 후 먼저 착지하고 다른 발이 따라와 시차를 두고 쁠리에로 착지한다. 점프할 때 발이 땅에서 떨어지는 순간부터 다시 땅에 닿을 때까지 포인(pointe)을 유지하고, 중심이동 시에는 상체 박스가 흔들리거나 비뚤어지지 않도록 유지한다.

글리싸드 아쌍블레
Glissade Assemblée

Dic

'미끄러지기'를 뜻하는 글리싸드(glissade)와 '모아진'을 뜻하는 아쌍블레(assemblé) 동작을 순서대로 수행하는 동작이다. 그런데 잠깐! 왜 제목에는 assemblée, 본문에는 assemblé라고 써 있죠? 맨 마지막 e는 오타인가요? 글리싸드는 여성형 명사다. 따라서 이를 수식하는 형용사는 여성형 명사를 수식하는 형용사에 붙는 'e'를 추가로 붙여 'assemblé'가 아닌 'assemblée'로 표기한다. 오타가 아닙니다.

How to

한발 먼저 착지하는 글리싸드 동작에 이어 착지 후 먼저 이동했던 발을 다시 옆으로 쓸어 올리며 위로 점프했다가 그대로 두 발을 모아 5번으로 동시에 착지한다.

깡브레

Cambré

'활 모양으로 휘게 하다'를 뜻하는 cambrer의 형용사로, '활 모양의', '활처럼 휜'이라는 뜻이다.

허리를 꼿꼿이 세운 뒤 가슴과 어깨를 앞, 뒤, 옆으로 젖혀 주는 자세다. 허리나 가슴을 무작정 꺾는 것이 아니라 머리를 꼿꼿이 세우고 코어에 힘을 준 후 상체를 활처럼 부드럽게 구부린다.

꺄브리올

Cabriole

Dic '뛰기', '뛰놀기', '도약'을 의미한다.

How to 공중으로 높이 뛰어오르면서 양발과 무릎이 부딪히는 동작이다. 몸을 약간 사선 방향으로 튼 상태에서 시작해 점프와 동시에 한쪽 다리를 높이 차면 나머지 한쪽 다리가 그 뒤를 따라가서 앞서 공중에 있던 발을 터치한다. 터치 후 아래쪽 다리가 착지하는 동안 위쪽 다리는 바로 내리지 않고 한 번 더 위로 찼다가 두 발을 함께 착지시킨다. 다리를 45도만 차올리는 쁘띠뜨 꺄브리올(petite cabriole)과 90도 차올리는 그랑드 꺄브리올(grande cabriole)의 두 종류가 있다.

한 번도 쁘띠뜨를 시도해본 적은 없었다. 마음은 늘 그랑드입니다만…

꽁트르땅

Contretemps

사전적 의미로 contretemps은 '불의의 사고', '난처한 일'을 의미하나, 음악 용어로는 contre가 '~에 기대어', '~와 맞대어', '~에 반대해'라는 뜻으로 쓰인다. '시간', '시점'을 의미하는 temps과 만나 '시점에 반대해'라는 뜻으로 직역할 수 있다.

방향을 바꾸는 동작이다. 스탠딩 레그는 쁠리에(plié) 한 상태에서 다른 쪽 다리를 공중으로 살짝 들어 반원을 그린다. 발이 원의 끝점에 오면 반대쪽으로 몸 방향을 전환해 점프한 후 반대쪽 다리를 앞으로 뻗어 양 허벅지를 교차한다. 두 다리가 빠르게 맞닿았다가 원을 그렸던 다리는 착지하고 반대쪽 다리는 계속 앞으로 뻗은 상태를 유지해 다음 스텝의 준비 자세를 취한다. 몸 방향을 전환할 때 이동 방향과 무게중심에 따라 상체를 자연스럽게 숙였다가 편다.

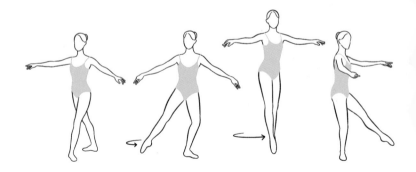

꾸뻬

Coupé

'자르다', '베다'를 의미하는 동사인 couper의 과거분사형으로, '잘린'이라는 의미다. 무릎을 접어 한쪽 발이 다른 발에 '잘린' 모양을 연출하는 동작이다.

턴 아웃 한 상태에서 한쪽 다리는 고정한 채 다른 쪽 다리의 무릎을 접어 발끝으로 복숭아뼈를 터치하는 동작이다. 방향이나 무게중심을 전환하기 위한 연결 동작으로 많이 사용하기 때문에 착지하면서 무게중심을 빠르게 워킹 레그로 옮길 수 있도록 한다.

데가제

Dégagé

'빠져나오다', '제거하다'라는 뜻의 동사인 dégager에서 나온 데가제(dégagé)는 '해방된', '벗어난'이라는 뜻이다. 발레 동작에선 한쪽 다리가 45도 정도 바닥에서 떨어진 상태를 의미한다.

워킹 레그의 발로 지면을 쓸어 포인(pointe) 하며 공중으로 드는 동작이다. 다리를 들 때 발로 차듯이 드는 것이 아니라 포인 한 상태로 바닥을 쓸면서 천천히 드는 것이 중요하다. 포인 한 상태로 바닥을 쓸어서 발을 땅에서 떼지 않고 콕 집어서 멈추는 것이 '땅뒤(tendu)', 여기서 더 나아가 공중으로 자유롭게 만드는 것이 데가제다.

■ ■ 빠리 감성 발음은 [데갸제]에 가깝다.

데뚜르네

Détourné

Dic '방향을 바꾸다', '목적지를 바꾸다'라는 뜻의 동사 détour-ner의 과거분사로, '회전하다'라는 뜻의 동사 tourner에서 파생하였다.

How to 주로 바에서 많이 행하는 동작으로, 한 손으로 바를 잡고 5번 포지션에서 선 양 발을 포인(pointe) 또는 드미-포인(demi-pointe)하여 뒤쪽 발 방향으로 반 바퀴 회전한다. 동작을 완료하고 나면 시선과 몸통이 180도 돌아가 있고, 양 발의 앞뒤가 바뀐다.

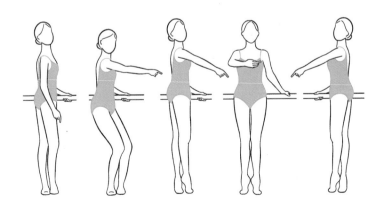

데띠레

Détiré

'(~을) 잡아 빼는 것'을 의미하는 접두사 'tire-'와 '잡아당겨 늘이다'를 의미하는 동사 détirer가 합쳐진 데띠레(détiré)는 '잡아당겨 늘여진'이라는 뜻이다.

주로 바에서 수행하는 동작이다. 팔을 다리 앞쪽으로 둔 상태에서 발꿈치를 손으로 잡아(pied dans la main [삐에 당 라 망], '손 안의 발'이라는 의미) 다리를 곧게 펴 유연하게 늘인다.

데블로뻬

Développé

'펼쳐진', '벌어진'이라는 의미다. '발달하다'라는 뜻의 영어 단어 develop을 연상하면 쉽다. 정식 명칭은 땅 데블로뻬 (temps développé)인데 거의 대부분 줄여서 '데블로뻬'라고 부른다.

워킹 레그를 구부려 스탠딩 레그의 무릎까지 쓸어 올리고 천천히 공중으로 높이 들어 올려 완벽한 균형을 이루는 동작이다. 다리를 옆으로 끌어올릴 때 골반이 다리 방향으로 따라가면 안 된다. 몸의 방향을 사선 앞이나 뒤로 틀고 수행하기도 하고, 정면을 보고 수행하기도 한다.

드미-뿌앙뜨

Demi-Pointe

Dic '반(半)'을 뜻하는 드미(demi)와 '뾰족한 끝'을 뜻하는 뿌앙뜨 (pointe)가 합쳐져 '반만 뾰족한 끝'이라는 뜻이다.

How to 발뒤꿈치를 들어 서는 동작이다. 포인트 슈즈를 신었을 때 완전히 발끝으로 서 있는 상태를 앙 뿌앙뜨(en pointe)라고 하고, 발레 슈즈를 신고 발뒤꿈치를 드는 것을 드미-뿌앙 뜨(demi-pointe)라고 한다. 보통 "업(up)으로 서세요", 혹은 발 을 드는 정도만 이야기하여 "드미로 서세요"라고 한다. 뿌앙 뜨, 앙 뿌앙뜨는 115쪽을 보세요.

드미-쁠리에

Demi-Plié

Dic '반(半)'을 뜻하는 드미(demi)와 '접힌'이라는 뜻의 쁠리에 (plié)가 합쳐져 '반쯤 접힌'이라는 뜻이다.

How to 양발을 턴 아웃 한 상태에서 무릎을 옆쪽으로 반쯤 구부 리는 상태를 말한다. 쁠리에는 117쪽, 그랑 쁠리에는 63쪽을 보세요.

최영규 발레리노 | 네덜란드 국립 발레단

땅뒤

Tendu

Dic '줄 따위를 팽팽하게 하다'를 의미하는 tendre의 과거분사 형으로, '팽팽히 당겨진'이라는 뜻이다.

How to 주로 바뜨망 땅뒤(battement tendu)를 줄여서 부르는 말이다.

'땅뒤' 찾아오신 분들은 바뜨망 땅뒤(97쪽)로 가세요~!

땅 르베

Temps Levé

'시간', '움직임'을 뜻하는 땅(temps)과 '들다', '올리다', '들어 올리다'라는 뜻의 동사 lever의 과거분사형인 르베(levé)가 합쳐져 '들어 올려진 시간', '들어 올려진 움직임'을 뜻한다.

한 발로 하는 점프인 땅 르베는 주로 연결 동작으로 많이 쓰인다. 씨쏜느 땅 르베(sissonne temps levé)는 두 발로 점프해 양다리를 가위처럼 벌려 앞뒤로 차고 착지하는 동작이다. 쁠리에(plié)로 착지한 후 앞쪽 다리로 높이 점프하고, 뒤쪽 다리는 무릎을 접어 앞쪽 다리 무릎 뒤에 붙였다가(passé [빠쎄]) 착지한다. 이동하는 방향으로 무게중심을 빠르게 바꿔줘야 한다.

땅 르베 쏘떼

Temps Levé Sauté

Dic 땅 르베(temps levé)에 '뛰어오르다'라는 뜻의 동사 sauter의 과거분사형인 쏘떼(sauté)가 합쳐져 '뛰어올라 들어 올려진 시간', '뛰어올라 들어 올려진 움직임'을 뜻한다. 뭐 이렇게 어렵게 말을 하나, 점프. 이 한마디면 충분하다.

How to 양발로 하는 점프를 일컫는다. 턴 아웃 한 상태의 모든 발 포지션에서 가능하다. 드미-쁠리에(demi-plié)로 시작해 공중으로 뛰었다가 두 발로 다시 원래 포지션대로 착지한다. 연결 동작으로 사용될 때는 앞동작의 종류에 따라 한 발로 뛰었다가 두 발로 착지하기도 한다. 다시 한번 느끼지만 '점프', 이 한 마디면 충분했다.

땅 리에

Temps Lié

Dic '접합하다', '연결하다'를 뜻하는 동사 lier에서 파생한 리에 (lié)는 '연결된', '묶인'을 의미한다. '움직임'을 의미하는 땅 (temps)을 수식해 '연결된 움직임'이라는 뜻이다.

How to 특정한 한 가지 동작을 칭하는 용어는 아니다. 센터에서 장면 혹은 동작들을 자연스럽게 이어주는 역할을 하는 모든 동작을 통칭한다. 초보 수준에서는 간단한 스텝이나 팔 동작을 하기도 하고, 중고급 수준이 되면 회전을 하는 등 난이도를 높인다. 중심을 이동하여 앞, 뒤 동작을 부드럽게 잇는 다양한 동작이 모두 이에 속한다.

똥베

Tombé

Dic '넘어지다', '쓰러지다'라는 뜻의 동사 tomber의 과거분사형
으로, '떨어진'이라는 의미다. 영어의 fallen에 해당한다.

How to 발을 땅에서 떼고 무릎을 구부리는 꾸뻬(coupé) 동작에서
시작하거나 한쪽 다리를 쭉 뻗어 미끄러지는 듯한 스텝으
로 착지한다. 이때, 몸을 쏟아 쁠리에(plié) 해 쓰러질 것처럼
몸의 무게중심을 한쪽으로 치우치게 한다. 똥베 빠 드 부레
(tombé pas de bourrée)처럼 보통 다른 동작을 하기 전 도약 단
계에서 많이 쓴다.

뚜르네

Tourner

'회전하다', '돌다'라는 뜻의 동사. 발레의 7가지 기초 움직임인 구부리기(plier [쁠리에]), 올라가기(relever [를르베]), 펴기(étendre [에땅드르]), 미끄러지기(glisser [글리쎄]), 돌기(tourner [뚜르네]), 점프하기(sauter [쏘떼]), 돌진하기(élancer [엘랑쎄]) 중 하나다. 뚜르(tour)가 '회전'이라는 뜻이므로, 동작에 '뚜르'가 들어가면 회전 동작이라는 것을 기억하자.

모든 회전 동작은 시선(스팟)과 축을 유지하는 것이 가장 중요하다. 목의 유연성이 허락하는 순간까지 출발하는 곳에 시선을 남겨두다가 몸이 종착지에 도착하기 전에 몸보다 반박자 빠르게 도착하자. 말은 쉽다.

라꾸르씨
Raccourci

'줄이다', '단축하다', '짧아지다'라는 뜻의 동사 raccourcir의 과거분사형으로, '짧아진', '단축된'이라는 뜻이다. '수축된' 이라는 의미의 르띠레(retiré)라고도 한다.

프렌치 스쿨 용어라 이름이 낯선 분들이 많겠지만, 수행 방 법을 알고 나면 엄청나게 자주 사용하는 동작이다. 한쪽 발을 바깥으로 뻗었다가 들어올 때 무릎을 구부려 다른 쪽 종아리 뒤에 붙여 뻗었던 다리를 '짧아지게 하는' 동작 이다.

랑베르쎄
Renversé

'거꾸로 놓다', '뒤집다'라는 뜻의 동사 renverser의 과거분사 형으로, '거꾸로 놓인', '뒤집힌'이라는 의미다.

무게중심을 앞쪽으로 쏟은 똥베(tombé) 상태에서 시작한다. 진행 방향의 안쪽 다리를 쁠리에(plié) 하고 반대쪽 다리의 무릎을 구부려 꾸뻬(coupé) 했다가 다시 반대쪽 다리로 착지하며 포인(pointe)으로 서면서 중심이동하며 상체를 뒤로 젖혀 회전한다. 이때 반대쪽 다리는 옆-뒤로 휘감아 쁠리에로 착지한다. 팔은 회전을 잘할 수 있도록 포인 한 다리와 같은 쪽을 축으로 세우듯 위로 뻗는다.

■ ■ 빠리 감성 발음은 [헝베흑쎄]에 가깝다.

86

레베랑스

Révérence

'존경', '숭배'의 의미가 담긴 명사로, 의미 그대로 '상반신이 나 무릎을 구부리고 하는 절', '경례'를 뜻한다.

인사의 순서나 방법은 굉장히 다양하다. 가장 대표적인 동작은 양발을 180도로 턴 아웃 하는 2번 발 포즈에서 시작해 한쪽 다리는 쁠리에(plié) 하고, 반대쪽 다리는 뒤쪽으로 빼고 드미-쁠리에(demi-plié) 하며 상체를 숙이는 인사다. 팔의 동작은 보통 자유롭게 우아한 형식을 취하며 여러 번 반복한다. 여운이 많이 남는 공연에서는 인사 횟수가 더 많아진다. 연습실이든 무대 뒤든 끝나면 우아하고 공손하게 인사로 마무리하는 것이 발레의 예절이다.

롱 드 장브

Rond de Jambe

Dic 장브(jambe)는 '다리', 드(de)는 '~의', 롱(rond)은 '원, 동그라미'(round로 기억하면 편리하다)를 의미하며, 모두 합쳐 직역하면 '다리의 원', 의역하면 '다리의 회전'이라는 뜻이다.

How to 스탠딩 레그는 고정하고, 워킹 레그는 바닥을 쓸거나 공중에 든 채 시계 방향으로 원을 그리며 움직이는 동작이다. 바닥을 쓸어 수행하는 동작은 롱 드 장브 아 떼르(rond de jambe à terre), 공중에 다리를 드는 동작은 롱 드 장브 앙 레르(rond de jambe en l'air)다.

■ ■ 빨리 감선 발음은 [롱 드 쟝브]에 가깝다.

를르베
Relevé

📖 영어의 re와 같이 '다시'의 의미를 가진 접두사 re가 lever(들
Dic 다)와 결합해 '다시 들린'의 의미다.

🧘 선 상태에서 시작해 발뒤꿈치를 밀어 올리는 드미-쁠리에
How to (demi-plié) 자세에서 발뒤꿈치로 바닥을 강하게 누르면서
발뒤꿈치를 들면서 올라왔다가 자연스럽게 드미-쁠리에
자세로 돌아온다. 쁠리에(plié) 없이 바로 발끝으로 서는 동
작은 '다시'의 의미를 제외하고 엘르베(élevé)라고 한다.

림버링

Limbering

Dic '근육이 나긋나긋한', '유연한'이라는 영어 단어 limber에서 나온 단어로, '근육을 나긋나긋하게 하는' 또는 '유연하게 하는'이라는 의미다.

How to 근육의 이완을 위해 바 운동을 마무리하는 순서다. 한쪽 다리를 고정하고 나머지 다리를 바에 올려 상체를 꼿꼿이 세운 후 상체를 뒤로 젖히거나 옆으로, 혹은 앞으로 숙이면서 스트레칭을 한다.

마네쥬

Manège

Dic '말을 조련하다'라는 의미의 동사 manéger에서 파생한 명사로, '말타기', '회전 목마'를 의미한다. 빙글빙글 도는 회전 목마처럼 큰 원을 그리며 이동하는 스텝이다. 동사형과 명사형의 악쌍이 다르다. 오타가 아니다.

How to 시선은 진행 방향에 스팟을 고정하고 삐께 턴(tour piqué 혹은 piqué en tournant)119쪽을 보세요., 꾸뻬 쥬떼 앙 뚜르낭(coupé jeté en tournant) 등의 턴이나 점프를 하며 무대나 무용실을 크게 돈다. 원을 그리면서 도는 것은 앙 마네쥬(en manège), 사선으로 이동하는 것은 앙 디아고날(en diagonal)이라고 한다.

바뛰

Battu

Dic
'때리다', '치다'라는 뜻의 동사 battre에서 파생된 단어로 '매를 맞은', '얻어맞은'이라는 의미다. 가장 흔히 알고 있는 바뜨망 바뛰(battement battu) 이외에도 점프나 스텝 등에 추가돼 한 발이 다른 발을 빠르게 때리는 모든 동작이 '바뛰' 상태로 수행하는 것이다.

How to
한쪽 발로 다른 쪽 발을 빠르게 두드리거나 교차한다. 쥬떼 바뛰(jeté battu), 바뜨망 바뛰(battement battu) 등에 활용한다. 다른 다리에 부딪힐 때 발목의 턴 아웃이 풀려 턴 인 되지 않도록 신경 쓴다. 명칭에 바뛰가 들어가지 않는 꺄브리올(cabriole), 앙트르샤(entrechat), 브리제(brisé) 동작도 바뛰에 해당한다. 양 발이나 다리가 부딪히는 순간 '퍽' 소리가 나지 않도록 가볍게 두드리거나 교차한다.

바뜨리

Batterie

Dic 바뛰(battu)가 영어의 beaten을 의미한다면 바뜨리(batterie)는 영어의 비트(beat)와 같은 의미로 '때림', '두드림', '드럼'을 의미한다.

How to 다리끼리 '때리는' 모든 동작을 일컫는다. 양 다리를 모두 움직이거나 한쪽 다리만을 움직여 종아리를 때리거나 교차한다. 이때 양쪽 다리는 모두 곧게 뻗은 상태여야 한다. 때리는 강도가 약하거나 교차되는 각도가 작은 브리제(brisé), 앙트르샤(entrechat) 등은 쁘띠뜨 바뜨리(petite batterie)에 속하고, 다리를 많이 들어야 하는 꺄브리올(cabriole) 등은 그랑드 바뜨리(grande batterie)에 속한다.

바뜨망
Battement

Dic
'망치', '방망이'를 의미하는 영어의 배트(bat)를 떠올리면 쉽게 기억할 수 있다. 바뜨망은 '두드리기', '부딪치기' 혹은 '(피스톤의) 왕복 운동'을 의미하고, 다리를 왕복하며 두드리듯 치는 모든 종류의 동작을 통칭한다. 차는 다리의 높이, 다리를 뻗는 각도, 차는 속도 등에 따라 '그랑 바뜨망(grand battement)', '쁘띠 바뜨망(petit battement)', '바뜨망 데가제(battement dégagé)', '바뜨망 데블로뻬(battement développé)', '바뜨망 땅뒤(battement tendu)', '바뜨망 바뛰(battement battu)', '바뜨망 퐁뒤(battement fondu)', '바뜨망 프라뻬(battement frappé)' 등의 다양한 종류가 있다.

How to
1번 또는 5번 발 포지션에서 한쪽 다리(스탠딩 레그)에 중심을 잡고 중심축은 고정한 채, 앞뒤로 혹은 사이드로 다른쪽 다리(워킹 레그)를 왕복한다.

바뜨망 데가제

Battement Dégagé

Dic
데가제(dégagé)는 '빠져나오다', '제거하다'라는 뜻의 동사 dégager에서 비롯한 단어로 '해방된', '벗어난'이라는 뜻이다. '벗어난 왕복 두드림'이라는 직역은 조금 어색하므로 '땅에서 벗어나 두드리는 왕복 동작'으로 의역한 의미를 기억하자.

How to
1번 또는 5번 발 포지션에서 한쪽 다리(스탠딩 레그)에 무게 중심을 두고 중심축은 고정한 채, 다른 쪽 다리(워킹 레그)의 발을 앞뒤로 혹은 사이드로 바닥을 쓸면서 공중으로 들고 다시 바닥을 쓸어 발을 닫는다. 비슷하게 움직이지만 마지막까지 발을 땅에(à terre [아 떼르]) 붙이고 있는 바뜨망 땅뒤 (battement tendu)와 함께 기억하자.

■ ■ 빠리 감성 발음은 [데갸제]에 더 가깝다.

95

바뜨망 데블로뻬

Battement Développé

Dic '발달시키다', '확장하다', '키우다'라는 의미의 동사 déve-lopper에서 파생한 단어인 데블로뻬(développé)는 '발달된', '확장된', '키워진'이라는 뜻이다. '키워지는 바뜨망'이라고 기억하자.

How to 1번 또는 5번 발 포지션에서 한쪽 다리(스탠딩 레그)에 무게 중심을 두고 중심축은 고정한 채 다른 쪽 다리(워킹 레그)의 무릎을 구부려 포인(pointe) 한 발을 스탠딩 레그의 발목에서부터 쓸어 올려 앞뒤, 혹은 옆으로 뻗어 공중에서 밸런스를 유지한다. 다른 바뜨망과의 차이점은 다리를 한 번에 뻗는 것이 아니라 다리가 뻗어지는 과정을 천천히 보여주는 것이다.

바뜨망 땅뒤

Battement Tendu

Dic '줄 따위를 팽팽하게 하다'를 의미하는 동사 tendre의 과거 분사형인 땅뒤(tendu)는 '팽팽히 당겨진'이라는 뜻이다. '팽팽히 당겨진 상태로 두드리는' 동작이다.

How to 1번 또는 5번 발 포지션에서 한쪽 다리(스탠딩 레그)에 무게 중심을 두고 중심축은 고정한 채 다른 쪽 다리(워킹 레그)의 발을 앞뒤로 혹은 사이드로 바닥을 쓸면서 발을 땅에서 떼지 않고 발끝을 포인(pointe)으로 세워 정확하게 짚어준다. 이때 두 다리 사이에 보이지 않는 고무줄이 걸려 있다고 상상해보자. 또 하나 중요한 점은 발등의 방향이다. 발을 앞뒤로 움직일 때는 발의 뒤꿈치를 먼저 내보내고, 옆으로 움직일 때는 포인이 무너지지 않도록 발등의 방향이 반드시 위쪽이 돼야 한다. 비슷하게 움직이지만 마지막에 발을 공중에(en l'air [앙 레르]) 45도 정도 들어올리는 바뜨망 데가제(battement dégagé)와 함께 기억하자.

바뜨망 바뛰

Battement Battu

📖 **Dic** '때리다', '치다'라는 뜻의 동사 battre에서 파생된 바뛰(battu)
는 '매를 맞은', '얻어 맞은'이라는 의미다. '얻어 맞은 바뜨
망'이라고 기억하자.

🤸 **How to** 우선 스탠딩 레그는 주로 발뒤꿈치를 들고 앙 뿌앙뜨(en
pointe)로 서서 무게중심을 잡는다. 워킹 레그의 무릎을 접
어 발끝을 스탠딩 레그의 발목 앞이나 뒤에 대고(sur le cou-
de-pied [쒸르 르 꾸-드-삐에], '발목 위에'라는 뜻), 짧고 빠르게 때린
다. 이때 몸의 방향은 주로 사선을 향한다.

바뜨망 퐁뒤

Battement Fondu

'녹이다', '용해하다', '액화시키다'라는 뜻인 동사 fondre에서 파생된 퐁뒤(fondu)는 '녹은', '용해된', '액체 상태의'라는 의미다. 바뜨망 동작을 주욱 늘여서 취하는 것으로, 주욱 늘어나는 치즈 퐁뒤를 연상하면서 동작을 해보자.

1번 또는 5번 발 포지션에서 한쪽 다리(스탠딩 레그)에 중심을 잡고 쁠리에(plié)를 취하는 동시에 다른 쪽 다리(워킹 레그)의 무릎을 구부려 발끝을 스탠딩 레그의 발목에 닿게 한다. 그리고 쁠리에 한 다리를 펼 때 워킹 레그도 앞, 뒤나 옆으로 폈다가 접으며 다리를 유연하고 부드럽게 움직인다.

바뜨망 프라뻬

Battement Frappé

'치다', '두드리다', '차다'를 의미하는 동사 frapper의 과거분 사형인 프라뻬(frappé)는 '타격을 받은'이라는 뜻이다. '타격 을 받은 바뜨망'이라고 기억하자.

1번 또는 5번 발 포지션에서 한쪽 다리(스탠딩 레그)에 무게 중심을 두고 중심축은 고정한 채 발목을 접어 당기는 플 렉스(flex) 동작을 취한다. 스탠딩 레그의 발목에 붙인 다른 쪽 발의 발끝으로 바닥을 강하게 쓸듯이 차서 워킹 레그를 공중에 낮게 들고 다시 바닥을 쓸듯이 차며 플렉스로 돌 아와 스탠딩 레그 발목에 붙인다.

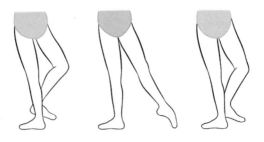

발랑쎄

Balancé

Dic 영어의 balanced와 같은 뜻으로 '균형 잡힌', '조화로운'이라는 뜻이다. '균형 잡힌 스텝'이라는 의미로, 빠 발랑쎄(pas balancé)라고도 한다.

How to 주로 왈츠의 3박자에 따라 수행한다. 5번 발 포지션에서 쁠리에(plié)로 시작해 첫 박자가 들어가기 전에 발꿈치를 들고 선 상태에서 한쪽 다리를 공중에 가볍게 데가제(dégagé)로 찬다. 첫 박자에 뻗은 다리 쪽으로 중심을 이동해 뒤쪽 다리를 앞다리 뒤쪽에 교차하며 무릎을 굽히는 꾸뻬(coupé) 포즈를 취한다. 두 번째 박자에 꾸뻬 동작을 취했던 다리를 착지하며 발꿈치를 재빠르게 들어 반대쪽 다리를 데가제 동작으로 이어간다. 세 번째 박자에 데가제 동작을 취했던 다리를 쁠리에 동작으로 옮기면서 뒤쪽 다리는 진행 방향의 반대쪽으로 데가제 동작을 취하는 것을 반복한다. 어깨는 진행 방향으로 살짝 틀고 진행 방향 쪽 팔은 옆으로 벌리고, 반대 방향 팔은 가볍게 쓸거나 머리 위로 들어 자연스러운 중심 이동을 돕는다. 앞, 옆, 뒤로 모두 수행 가능하다.

발로네

Ballonné

Dic '공처럼 부풀리다'라는 뜻을 가진 동사 ballonner의 과거분 사형으로, 풍선(ballon, 영어로 balloon)을 연상하면 기억하기 쉽 다. 풍선이 부풀었다가 바람이 빠지는 이미지를 기억하자.

How to 5번 발 포지션에서 한쪽 다리는 드미-쁠리에(demi-plié)를 하고, 다른 쪽도 무릎을 구부려 서 있는 다리의 발목(cou-de-pied)에 발끝을 댄 자세에서 풍선이 크게 부푸는 것처럼 다리를 앞, 옆, 뒤로 들었다가 다시 반대쪽 발목으로 가져 온다. 발끝으로 선 상태에서 수행하기도 하고, 점프를 하며 수행하기도 한다.

발로떼

Ballotté

Dic '흔들다', '요동치다'라는 뜻의 동사 ballotter의 과거분사형으로, '흔들린, 요동친'이라는 의미다.

How to 스탠딩 레그는 드미-쁠리에(demi-plié), 앞쪽의 워킹 레그는 무릎을 구부리는 꾸뻬(coupé) 자세로 시작해 45~90도 정도 각도로 공중에 뻗으며 상체를 뒤로 젖힌다. 들었던 다리를 꾸뻬로 접어 착지하면서 동일한 방법으로 스탠딩 레그를 뒤로 뻗고 상체는 앞으로 숙인다. 상체의 무게중심이 재빨리 앞뒤로 왔다 갔다 하는 것이 포인트다.

부레부레 ⋯▸ 빠 드 부레 쉬비

Pas de Bourrée Suivi

Dic

흔히 '부레부레'라고 부르는 종종걸음 스텝의 정식 명칭은 '빠 드 부레 쉬비(pas de bourrée suivi)'다. '뒤따라가다', '쫓아가다', '뒤따르다'라는 의미의 동사 suivre에서 파생된 쉬비 (suivi)는 '계속되는', '이어지는', '연속되는'이라는 의미다. 즉 '이어지는 빠 드 부레'라는 뜻이다. '빠 드 부레'는 '부레의 스텝', '부레의 춤'이라는 뜻이다. 108쪽을 보세요. 부레(bourrée) 는 발랑쎄(balancé), 꾸뻬(coupé) 등의 동작으로 이루어진 3박자계의 경쾌한 춤곡으로, 프랑스 오베르뉴 지방에서 시작됐다.

How to

포인(pointe) 또는 드미 포인(demi-pointe)으로 서서 두 다리를 교차한 상태에서 보폭을 최소화해 종종걸음으로 걷는다. 두 발목을 최대한 떨어지지 않게 유지하는 것이 핵심이다.

브리제

Brisé

Dic '꺾다', '산산조각을 내다'라는 뜻을 가진 동사 briser의 과거 분사형으로 '부서진', '깨진'의 의미다.

How to 한쪽 발을 사선으로 공중에 데가제(dégagé)로 뻗어 점프하며 상체를 앞으로 살짝 구부린다. 뒷발이 공중에 있는 발에 닿으면서 부딪히고 다시 돌아오는 동작이다. 이때 무릎을 구부려 발만 닿는 것이 아니라 무릎을 쭉 편 상태에서 두 다리를 X자로 교차한다. 이때 주의할 점은 발끝이 아니라 종아리를 부딪혀야 한다는 것이다. 발끝끼리 잘못 부딪히면 복숭아뼈가 부딪혀 자칫 부상을 입을 수도 있다.

빠 꾸뤼
Pas Couru

Dic
'스텝'을 의미하는 pas와 '달리다'라는 뜻의 동사 courir에서 파생한 couru가 만난 단어다. 직역하면 '달려지는 스텝', 의역하면 '달리는 스텝'의 의미다. couru에는 '인기 있는', '유행하는'이라는 의미도 있지만 그와는 무관하게 걷거나 뛰면서 이동하는 스텝을 통칭한다. 이 동작 멋지게 하면 발레 클래스에서 좀 '인기 있다'.

How to
보통 빠 꾸뤼 쥬떼(pas couru jeté) 동작의 줄임말로 많이 쓴다. 양다리 모두 1~2박자 동안 낮고 얕게 차서(dégagé) 방향을 이동한 후 쁠리에(plié)로 잠시 착지했다가 한쪽 다리를 공중에 크게 뻗어 차며 점프한 후(grand jeté) 착지하며 쁠리에, 반대쪽 다리는 무릎을 턴 아웃 해 공중에 드는 아띠뛰드(attitude) 자세로 마무리한다.

빠 드 바스끄
Pas de Basque

Dic 직역하면 '스페인 바스끄 지방의 스텝(the step of Basque)'이다. 말 그대로 바스끄 지방의 민속 춤에서 기원했다. 사전적 의미만으로는 동작에 대한 감을 잡기 어렵다.

How to 5번 발 포지션에서 시작해 앞쪽 발을 포인(pointe)으로 뻗는 동시에 뒤쪽 다리를 쁠리에(plié) 하며 몸의 무게중심은 워킹 레그 쪽으로 살짝 기울이는 식으로 이동하는 스텝이다. 이후 워킹 레그의 발로 반원을 그리며(rond de jambe) 진행 방향으로 이동한다. 반대쪽 발을 짧고 낮은 글리싸드(glissade)로 자연스럽게 쓸어 앞으로 가져와 다시 5번 포지션으로 마무리한다. 빠른 템포에 맞춰 빠 드 바스끄를 수행할 때에는 이동 시 낮게 점프하며 반원을 짧고 빠르게 그리고 글리싸드에 조금 더 포인트를 준다.

107

빠 드 부레
Pas de Bourrée

Dic '가득 채우다', '질주하다'라는 의미의 동사 bourrer와는 무
관하게 '부레의 스텝', '부레의 춤'이라는 의미다. 부레(bour-
rée)는 발랑쎄(balancé), 꾸뻬(coupé) 등의 동작으로 이루어진
3박자계의 경쾌한 춤곡으로, 프랑스 오베르뉴 지방에서 시
작됐다. 무용실 바닥을 나의 스텝으로 '가득 채워 질주하겠다'는 마음으로.

How to 다양한 수행 방법이 있다. 다리를 구부렸다 펴고, 양쪽 다
리를 겹쳤다가 떨어뜨리면서 3개의 연속 스텝을 이용해 진
행 방향으로 움직이는 동작이다.

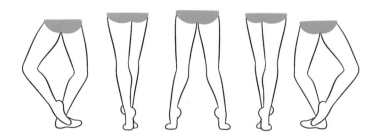

빠 드 샤

Pas de Chat

'고양이'라는 뜻의 샤(chat)와 '스텝'을 뜻하는 빠(pas)가 만나 '고양이의 스텝'이라는 뜻이다.

주로 대각선 방향으로 양쪽 무릎을 벌려 한 발씩 뛰어 다 리를 엇갈리듯이 착지한다. 진행 방향 쪽 무릎을 찍어 올 리며 점프한 후 다른 쪽 무릎도 찍어 올리며 점프해 순차적 으로 착지하고 쁠리에(plié)로 마무리한다.

빠 마르셰

Pas Marché

'나아가다', '전진하다'라는 뜻의 동사 marcher의 과거분사
형으로, '나아가는 스텝'이라는 뜻이다.

쁠리에(plié) 상태에서 천천히 한쪽 무릎을 구부려 낮게 뻗
어 올려 발끝부터 착지해 우아하게 걷는 동작으로, 전진하
는 연결 스텝이다. 주로 무대에 올리는 작품 속 주역 무용
수들이 수행하는 동작이다.

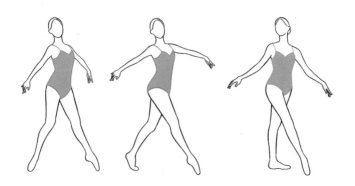

빠쎄

Passé

'경과하다', '지나가다'라는 뜻의 동사 passer의 과거분사형으로, '지나간'이라는 의미다. 르띠레(retiré)라고 부르기도 한다. 단, 빠쎄는 동작 수행 과정에, 르띠레는 다리의 모양에 초점을 맞춘 명칭이다.

한쪽 다리는 땅에 지지하고 다른 쪽 발을 포인(pointe) 하고서 무릎을 옆으로 벌리면서 착지된 다리의 무릎까지 주욱 쓸듯이 올리는 동작을 말한다. 빠쎄 후 스탠딩 레그가 잘 지지되도록 힘을 주고, 무릎에 붙인 발끝이 무릎 밖으로 튀어나오지 않도록 주의한다.

빠쎄 빠 떼르

Passé par Terre

빠 떼르(par terre)는 '땅 위에서'라는 뜻으로, 빠쎄 빠 떼르라
고 하면 '지면을 지나간'이라는 뜻이다.

발바닥으로 지면을 쓸어 다리를 앞에서 뒤, 또는 뒤에서
앞으로 왕복한다. 바닥에 원을 그리며 다리를 움직이는 롱
드 장브 빠 떼르(rond de jambe par terre)도 발끝을 땅에 붙이고
수행한다는 점에서 유사한 동작이다.

| 1 | 2 | 3 | 4 | 5 |

뽀르 드 브라

Port de Bras

Dic 브라(bras)는 팔을 뜻하고, 뽀르(port)는 '들다', '옮기다'를 뜻 하는 동사 porter의 명사형으로, '팔의 움직임', '팔의 운반' 이라는 뜻이다.

How to 동작을 연결할 때 팔을 이용하는 발레의 기본 동작을 총 칭한다. 발레를 할 때는 발끝이나 하체의 움직임도 중요하 지만 팔과 손끝, 그리고 상체 동작에 따라 우아함이 결정 된다고 할 수 있다. 팔이 약간 '당기는' 느낌을 받을 때까지 늘이지만, 관객에게는 한없이 부드러운 느낌이 나도록 움 직인다. 뽀르 드 브라를 제대로 하면 우아한 팔 라인은 물 론이고, 일명 '나비 근육'이라고 하는 예쁜 등 근육까지 덤 으로 얻을 수 있다.

한나래 발레리나 | 국립 발레단

뿌앙뜨 | 앙 뿌앙뜨
Pointe | En Pointe

뿌앙뜨(pointe)는 '뾰족한 끝'을 뜻하는 여성형 명사이고, 앙 (en)은 영어의 in과 비슷한 의미로서 '뾰족한 끝에서', '뾰족한 끝으로'라는 뜻이다.

발끝을 최대한 펴는 동작으로, 흔히 '포인'으로 발음한다. 앙 뿌앙뜨(en pointe)는 포인트 슈즈를 신고 발끝으로 서는 동작을 의미한다.

쁘띠 바뜨망 | 쁘띠 바뜨망 쎄레
Petit Battement | Petit Battement Serré

Dic '작은'을 의미하는 쁘띠(petit)는 그랑(grand)과 반대로 작고 빠르게 움직이는 동작을 지칭할 때 쓰인다. 쁘띠 바뜨망은 발로 작게 하는 왕복 운동을 뜻한다.

How to 1번 또는 5번 발 포지션에서 한쪽 다리(스탠딩 레그)에 중심을 잡고 중심축은 고정한 채, 워킹 레그의 무릎을 구부려 발끝을 스탠딩 레그 발목 앞에 붙였다 뒤에 붙이기를 반복한다. 발끝을 발목 앞에 붙일 때에는 발끝만 살짝 붙이고 무릎과 발끝의 포인(pointe)에 신경 써 발꿈치를 최대한 앞쪽으로 미는 모양을 유지한다. 다리를 떨듯이 빠르게 움직이는 동작은 '빡빡한' 쁘띠 바뜨망이라는 뜻의 쁘띠 바뜨망 쎄레(serré)라고 한다. 이때 무릎은 고정한 상태에서 무릎 아래로만 움직여야 한다.

쁠리에

Plié

'접다', '구부리다'를 의미하는 동사인 plier에서 파생한 쁠리에(plié)는 '굽힌', '접힌'이라는 뜻이다.

발을 땅에 붙인 상태에서 양쪽 무릎 또는 한쪽 무릎을 구부려 몸의 중심을 낮추는 동작을 의미한다. 다리를 구부리는 속도와 몸이 내려가는 속도를 맞춰 천천히 부드럽게 내려가며, 다시 올라올 때에도 내려간 속도와 비슷한 속도로 올라온다. 무릎을 굽히는 정도에 따라 그랑 쁠리에(grand plié)와 드미-쁠리에(demi-plié)로 구분한다. 그랑 쁠리에는 63쪽, 드미-쁠리에는 77쪽을 보세요.

삐께

Piqué

Dic '찌르다', '(음식을) 찍다', '(침을) 놓다'라는 뜻의 동사 piquer의 과거분사형으로 '찔린'이라는 뜻이다.

How to 흔히 삐께 턴(piqué turn)을 줄여서 삐께라고 부르나 정식 명칭은 아니다. 원래 삐께 동작은 포인(pointe) 한 한쪽 발을 살짝 들어 발끝으로 바닥을 '톡' 찌르고 다시 올라가는 동작이다. 아라베스끄나 턴과 같은 다른 동작을 하기 전에 선 자세에서 중심을 이동해 포인 한 발로 바닥을 찔러 중심축을 세우는 동작을 의미하기도 한다.

삐께 앙 뚜르낭
Piqué en Tournant

삐께(piqué)와 '돌면서'라는 뜻의 앙 뚜르낭(en tournant)이 만
나 '돌면서 찌르는'이라는 뜻이다.

삐께 턴(piqué turn)의 정식 명칭이 바로 삐께 앙 뚜르낭(piqué
en tournant) 혹은 뚜르 삐께(tour piqué)다. 스탠딩 레그는 고정
한 상태에서 나머지 한쪽 다리를 앞, 옆, 뒤의 방향으로 움
직이며 살짝 들었다가 바닥을 콕! 하고 스타카토처럼 찍어
중심을 이동해 발끝을 들고 선다. 중심축이 아닌 다리는
스탠딩 레그의 뒷 무릎을 가볍게 찍으며 회전한다. 스탠딩
레그로 짚은 다리가 다시 뒤로 밀리지 않도록 중심 이동에
신경 쓴다.

삐루에뜨

Pirouette

Dic '제자리에서 돌다', '회전하다'라는 뜻의 동사 piroutter의 명사형으로, '회전', '반회전'이라는 뜻이다. 같은 단어에 전혀 다른 의미로 '얼버무림'이라는 뜻도 있는데, 누가 나 삐루에뜨 하는 거 묘사해놓은 줄.

How to 제자리에서 한쪽 발끝으로 도는 회전을 의미한다. 도는 방향에 따라 삐루에뜨 앙 드당(pirouette en dedans, 안쪽으로 도는 회전), 삐루에뜨 앙 드오르(pirouette en dehors, 바깥쪽으로 도는 회전)라고 부른다. 몸의 축을 제대로 세우고 누군가 천장에서 머리를 뽑아 돌리는 갑.분.호. 갑자기 분위기 호러 영화 느낌으로 팔의 힘으로 돌며, 이때 시선은 한 곳을 응시한다. 84쪽 뚜르네(tourner)도 함께 읽어보세요.

삐아떼 ⸱⸱⸱➤ 5번 포지션 삐루에뜨 앙 드오르

pirouette en dehors from the 5th position

Dic 삐에(pied)는 '발', 아 떼르(à terre)는 '땅에'를 의미한다. '발이 땅에'라는 뜻으로, 발을 땅에 붙인 상태를 의미한다. 또한, 5번 발 포지션에서 시작하여 5번 발 포지션으로 끝나기 때문에 러시아어로 5를 의미하는 пять [pyahts, 삐얏츠]의 발음에서 유래되었다고 추측하기도 한다. 정식 명칭은 '5번 포지션 삐루에뜨 앙 드오르(pirouette en dehors from the 5th position)'다.

How to 보통 5번 발 포지션에서 쁠리에(plié) 후 스탠딩 레그 발꿈치를 들어 를르베(relevé) 하는 동시에 다른 쪽 발은 스탠딩 레그의 무릎을 타고 올라와(passé [빠쎄]) 제자리에서 바깥쪽으로(en dehors [앙 드오르]) 연속해서 회전하고 쁠리에로 착지하는 턴 동작을 일컫는다. 이때 턴을 도는 방향 발을 앞쪽으로 착지해야 연속 동작을 수행할 수 있다.

121

샤쎄

Chassé

Dic
'사냥하다', '쫓다'라는 뜻을 가진 동사 chasser의 과거분사
형으로, '쫓기는'이라는 뜻이다. '쫓다'라는 뜻의 영어 단어
chase로 기억해보자.

How to
달려나가듯 점프하면서 뒤쪽 발로 앞쪽 발을 앞, 뒤 또는
옆으로 차내는 동작을 의미한다. 5번 발 포지션에서 바닥
을 쓸듯이 앞발을 4번 발 포지션으로 이동하며 드미-쁠리
에(demi-plié) 한 뒤, 뒷발로 바닥을 쓸며 앞발을 '쫓아와서'
5번 발 포지션을 만든 상태에서 공중에 뛰었다가 뒷발만
드미-쁠리에로 착지한다. 앞발은 착지하지 않고 바로 앞으
로 뻗어 4번 발 포지션을 만들어 반복한다.

샹쥬망

Changement

Dic 영어의 change를 연상하면 기억하기 쉽다. '변화'를 뜻하며 공중에서 양발의 앞뒤 위치를 바꾸는 점프 동작이다. 정식 명칭은 '두 발(pieds)의 교체/변화'를 의미하는 changement de pieds [샹쥬망 드 삐에]이지만, 대개 '샹쥬망'으로 줄여서 부른다.

How to 드미-쁠리에(demi-plié) 상태에서 양발로 점프하여 앞, 뒤 발의 위치를 바꿔서 착지한다. 드미-쁠리에로 착지해야 충격이 완화되어 발목이나 무릎 부상을 방지할 수 있다.

셰네

Chaînés

Dic '체인을 감다'라는 뜻의 동사 chaîner에서 파생된 셰네 (chaînés)는 '체인이 감긴'이라는 의미다. 'tours [뚜르] (회전) chaînés [셰네] (체인이 감긴) déboulés [데불레] (급히 굴러 떨어지는)'의 줄임말로, 체인을 감는 모양을 그리며 빠르게 이동하는 회전을 의미한다.

How to 양발을 모두 땅에 딛고 취하는 회전 동작이다. 포인(pointe) 혹은 드미 포인(demi-pointe) 한 상태에서 쁠리에(plié)나 삐께 (piqué) 동작 없이 양발을 빠르게 교차해 연속으로 빠르게 회전한다. 이때 시선은 진행하는 방향에 두고 스팟을 유지한다. 무게중심을 두 다리 모두에 두고 시선과 팔의 움직임으로 추진을 받아 돈다. 발을 교차할 때 두 발 간 간격이 너무 크게 벌어지지 않도록 주의한다.

쏘 드 바스끄
Saut de Basque

쏘(saut)는 '뛰어오르기', '도약'을 의미하고, 바스끄(Basque)는 프랑스와 국경을 접하고 있는 스페인 북부 한 자치 지방의 지역명이다. 바스끄 지방의 전통 춤과 닮아 붙은 이름으로 '바스끄풍의 도약'이라는 뜻이다. 쏘떼 바스끄(sauté basque)는 잘못된 표현이다.

한 발로 점프하는 동작이다. 도약 후 공중에서 한쪽 발끝을 다른 쪽 무릎에 붙이는 빠쎄(passé) 자세로 돈다. 5번 발 포지션에서 양팔을 벌리면서 진행 방향으로 발을 옆으로 뻗었다가 바닥을 짚으며 바깥쪽으로 반 바퀴를 돌면서 반대쪽 다리를 진행 방향으로 공중에 높게 차며 점프한다. 공중에서 나머지 반 바퀴를 돌며 한쪽 발끝을 다른 쪽 무릎에 붙이는 빠쎄 자세를 보여주고 착지한다. 팔은 보통 회전을 시작하며 앙 오(en haut)나 앙 아방(en avant)으로 든다.

125

쏘 드 샤

Saut de Chat

Dic 쏘(saut)는 '점프', 샤(chat)는 '고양이'를 의미한다. '고양이의 점프'라는 뜻이다.

How to 흔히 그랑 쥬떼(grand jeté) 65쪽을 보세요 동작과 혼동해 쓰인다. 도움닫기 후 다리를 찰 때 무릎을 구부려서 뻗는 과정을 보여주는 데블로뻬(développé) 과정이 있으면 쏘 드 샤, 무릎을 구부리지 않고 바로 다리를 들면 그랑 쥬떼다.

쏘떼

Sauté

Dic '뛰어오르다'라는 의미의 동사 sauter의 과거분사형으로, '뛰어올려진'이라는 뜻이다.

How to 두 발로 뛰어 두 발로 착지하는 점프 동작이다.

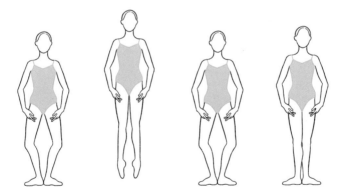

127

쑤뜨뉘

Soutenu

Dic '떠받치다', '지지하다'라는 뜻의 동사 soutenir에서 파생된 쑤뜨뉘(soutenu)는 '지속적인', '꾸준한'이라는 뜻이다.

How to 주로 뚜르 쑤뜨뉘(tour soutenu)의 줄임말로 사용된다. 양발을 5번 자세로 모아 발끝을 세워(sous-sus [쑤-쒸]) 회전해 양발의 앞뒤 위치가 바뀐 상태로 착지한다. 이때 누군가 위에서 잡아당기는 것처럼 코어에 힘을 주고 꼿꼿이 일직선을 만드는 것이 중요하다. 이 회전 동작을 일컬을 때엔 단독으로 사용하기도 하고, 바뜨망 땅뒤 쑤뜨뉘(battement tendu soutenu)처럼 다른 동작과 함께 쓰여 특정한 자세를 일컫기도 한다. 이 동작은 포인(pointe) 상태로 다리를 길게 뻗어 머리부터 뻗은 발끝까지 일직선으로 만든 자세다.

쑤브르쏘

Soubresaut

Dic '갑자기 앞발로 뛰다'라는 뜻의 동사 soubresauter의 명사형 인 쑤브르쏘(soubresaut)는 '도약', '갑자기 뛰기'라는 뜻이다. 이름은 길고 복잡하지만 점프를 의미하는 쏘(saut)를 보면 도약하는 동작임을 유추할 수 있다.

How to 제자리에서 5번 발로 점프해 5번 착지한다.

쑤-쒸 | 쒸-쑤
Sous-Sus | Sus-Sous

Dic '아래의'를 의미하는 쑤(sous)와 '위의'를 의미하는 쒸(sus)가 합쳐져 '아래-위'라는 뜻이다. 몸을 아래에서 위로 올리는 동작이다. 쒸-쑤(sus-sous, 위-아래)로 쓰기도 한다.

How to 주로 5번 발 포지션에서 수행한다. 두 발을 모아 발꿈치를 들어 발목이 완전히 교차되도록 한다. 제자리에서 수행하기도 하고 앞, 뒤, 옆으로 이동하며 수행하기도 한다. 가장 이상적인 실루엣은 마치 한 발로 서 있는 것처럼 뒷발이 아예 보이지 않도록 양발을 모으고 양쪽 발꿈치만 바깥으로 보이도록 하는 것이다. 이러한 실루엣을 완성하려면 양쪽 다리의 발목부터 허벅지 안쪽까지 최대한 바짝 붙여야 한다.

ㄱㄴㄷ 흔히 '쑤쑤'라고 부른다.

쒸르 르 꾸-드-삐에

Sur le Cou-de-pied

Dic '위에'를 뜻하는 쒸르(sur), 'the'를 뜻하는 르(le), '발목'을 뜻하는 꾸-드-삐에(cou-de-pied)가 합쳐져 '발목 위에'라는 뜻이다.

How to 한쪽 발을 포인(pointe) 한 상태에서 발목 앞에 붙이는 자세다. 메소드에 따라 한쪽 발로 다른 쪽 발목을 감싼 자세를 일컫기도 한다.

131

씨쏜느

Sissonne

Dic
점프해 양발을 가위(scissor)처럼 벌리는 동작이어서 가위와 연관이 있을 거라는 오해를 많이 받는다. 프랑스어로 가위는 'ciseaux [씨조]'로 실제로 가위처럼 양다리를 크게 벌려서 뛰는 발레 동작은 따로 있다. 씨쏜느 동작을 처음 고안한 사람이 씨쏜느 지역의 백작(Comte de Sissonne)이라는 데서 유래한 동작 이름이다.

How to
두 발로 도움닫기를 해 이동하는 점프 동작이다. 이동하는 방향과 착지할 때 발의 형태에 따라 여러 가지 종류로 나뉜다. 착지할 때 발의 형태에 따른 구분은 씨쏜느 쌩쁠르(sissonne simple), 씨쏜느 우베르뜨(sissonne ouverte), 씨쏜느 페르메(sissonne fermée)로 나뉘는데', 주로 우베르뜨와 페르메가 쓰인다. 5번 발 포지션에서 드미-쁠리에(demi-plié)를 했다가 바닥을 누르며 무게중심을 앞으로 기울여 점프하면서 앞쪽 다리는 앞으로 뻗고, 뒤쪽 다리를 뒤로 힘껏 차올린 후 열린 형태(우베르뜨)를 유지해 한 발로 착지하거나, 뒤에 차올린 다리를 다시 모아(페르메) 5번 포지션으로 착지한다.

ı   sissonne를 여성형 명사로 취급해 수식어도 모두 여성형인 ouverte, fermée와 같이 e를 하나 더 추가한 형태로 쓴다.

아띠뛰드
Attitude

영어의 attitude와 같은 뜻으로 '태도', '몸가짐'을 뜻한다. 이탈리아 무용가 카를로 블라시스(Carlo Blasis)가 조각가 지오반니 다 볼로냐(Giovanni da Bologna)의 조각상인 머큐리(Mercury)에서 영감을 받아 고안한 포즈다.

한쪽 다리는 고정하고 나머지 한쪽 다리 무릎을 90도 이상 굽혀 올리는 포즈를 의미한다. 다리를 앞쪽으로 들기도 하고(attitude devant [아띠뛰드 드방]), 옆으로 들기도 하고(attitude à la seconde [아띠뛰드 알 라 스꽁드]), 뒤로 들기도 한다(attitude derrière [아띠뛰드 데리에르]). 들어 올린 무릎이 아래를 향하지 않는 것이 중요하다. 바에서 아띠뛰드로 굽힌 다리를 앞뒤로

반복해서 차는 동작은 그랑 바뜨망 앙 끌로쉬(grand battement en cloche)라고 하는데, 끌로쉬는 종(bell)을 의미한다. 굽힌 다리를 앞뒤로 왕복하는 모습을 보면 종의 모양이 연상된다.

아라베스끄

Arabesque

Dic 아랍인이 창작한 나뭇가지나 잎 또는 소용돌이 모양의 장식 무늬에서 나온 단어다. 특유의 아름다운 곡선 문양으로 르네상스 이후 유럽에서 아라베스끄 양식으로 발전, 유행했다. 아라베스끄를 할 때 머리, 팔, 발끝까지 이어지는 수려한 곡선이 아라베스끄 문양과 닮아서 '아라베스끄'라는 이름이 붙었다.

How to 상체를 세운 채 한쪽 다리로 서서 밸런스를 잡고 다른 쪽 발을 뒤로 뻗는 포즈다. 몸의 방향과 팔의 포지션에 따라 종류가 20개가 넘는다. 가장 기본적인 아라베스끄는 스탠딩 레그 쪽의 팔을 앞으로, 뒤로 뻗은 다리 쪽의 팔은 밖으로 뻗어 살짝 뒤로 보낸 자세다.

ㄱㄴㄷ 영어 발음의 영향으로 아라베스'크'가 훨씬 익숙할 것이다.

134

아라베스끄 빵셰

Arabesque Penchée

Dic 곡선 문양에서 비롯한 아라베스끄(arabesque)에 '기울다', '기울어지다'라는 뜻의 동사 pencher의 과거분사형인 빵셰(penchée)가 합쳐져 '기울어진 아라베스끄', '경사진 아라베스끄'라는 뜻으로 쓰인다. 아라베스끄가 여성형 명사이므로, '기울어진'을 의미하는 빵셰(penché)에 e를 하나 더 붙여 arabesque penchée라고 표기해야 한다.

How to 아라베스끄는 상체를 꼿꼿이 세운 채 다리를 45~90도 뒤로 올리는 반면, 아라베스끄 빵셰는 스탠딩 레그의 중심축을 유지한 채 상체와 머리를 바닥으로 내려 앞으로 기울이면서 뒷다리를 천장으로 더 쭉 뻗어 올린다.

아롱디

Arrondi

Dic rond가 '원(round)'이라는 것을 떠올리면 기억하기 쉽다. '둥글게 하다', '(동작을) 부드럽게 하다'라는 뜻의 동사 arrondir의 과거분사형으로, '둥글게 된'이라는 의미다.

How to 특정한 동작을 일컫는 용어는 아니고, 둥글게 굽은 모양을 통칭한다.

아쌍블레

Assemblé

Dic '모으다'라는 뜻의 동사 assembler에서 파생한 아쌍블레 (assemblé)는 '모아진'이라는 뜻이다.

How to 한쪽 발을 옆으로 쓸어 올리며 위로 점프했다가 그대로 두 발을 모아 5번으로 동시에 착지한다.

알 라 스꽁드

À la Seconde

'두 번째'를 의미하는 라 스꽁드(la seconde)와 '~로'를 의미하는 아(a)가 합쳐져 '두 번째 (포지션으)로'라는 뜻이다. seconde 뒤에 position(뽀지씨옹)이 생략된 것이다.

발레에서 팔, 다리의 2번 포지션은 모두 양팔, 양다리를 '옆으로' 벌리는 동작이다. 원래는 '옆으로'라는 방향을 뜻하지만, 이 명칭이 가장 빈번하게 쓰이는 동작은 양팔을 옆으로 벌리는 동작이다.

■ ■ 빠리 감성 발음은 [쓰꽁드]에 더 가깝다.

ㄱㄴㄷ 한국 감성으로는 '알라쎄콘~' 또는 '알라쎄콩~'이 귀에 가장 익을 것이다. 그래서 스꽁드로 타협!

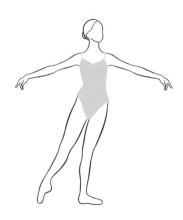

알롱제
Allongé

영어의 long의 의미를 생각하면 쉽다. '길어지다', '연장하다', '늘이다'라는 뜻의 동사 allonger에서 파생한 알롱제 (allongé)는 '늘인', '연장된'이라는 뜻이다.

알 라 스꽁드(à la seconde)에서 팔을 더 길게 늘인다. '아롱디 (arrondi)'가 팔을 둥글게 만든 상태인 '포즈'에 초점을 맞춘 용어라면, 알롱제는 팔을 길게 늘이는 '움직임'에 초점을 맞춘 뽀르 드 브라(port de bras)의 일종이다.

■ ■ 프랑스에서는 아메리카노를 '꺄페 알롱제(café allongé)'라고 부른다. 그냥 '꺄페'를 주문하면 귀여운 미니 사이즈의 잔에 진한 에스프레소가 담겨 나오는데, 뒤에 '알롱제'를 붙이면 에스프레소에 적당량의 물을 타서 '길게 늘어진' 커피, 즉 아메리카노를 맛볼 수 있다.

139

앙 드당 | 앙 드오르

En Dedans | En Dehors

Dic 앙 드당(en dedans)은 '안쪽으로', 앙 드오르(en dehors)는 '바깥 쪽으로'라는 뜻이다.

How to 주로 회전 동작의 회전 방향이나 다리가 움직이는 방향 등을 구분할 때 사용한다. 발레 수업을 할 때는 흔히 4번이나 5번 발 포지션에서 시작해서 를르베(relevé)와 동시에 한쪽 다리를 빠쎄(passé)로 무릎에 붙인 후 회전하는 삐루에뜨 (pirouette) 턴 동작(삐루에뜨 앙 드당, 삐루에뜨 앙 드오르)을 줄여서 이렇게 부른다.

앙 드당

앙 드오르

앙 바 | 앙 아방 | 앙 오
En Bas | En Avant | En Haut

Dic

바(bas)는 '낮은', 아방(avant)은 '앞', 오(haut)는 '높은'을 뜻한다. 영어의 in과 비슷한 역할의 전치사 앙(en)과 만나 각각 '아래에서', '앞에서', '위에서'라는 뜻이다. 단, 앙 아방은 연음 법칙 때문에 '아 나방'이라고 발음한다. 세 용어 모두 방향을 나타내는 것이지, 고정된 자세가 아니라는 점에서 정확한 용어는 아니지만 우리나라에서는 보편적으로 사용하고 있다. (더 발레 클래스 5 《진화하는 발레 클래스》 p. 219 참조)

How to

앙 바는 팔의 낮은 자세를 뜻한다. 어깨를 내린 후 두 손을 모아 아래에서 동그라미를 만드는 자세다. 앙 아방은 팔을 앞쪽으로 동그랗게 내민 자세를 뜻한다. 발레 동작에서 팔 포지션의 유형은 메소드마다 다르게 정의하는데, 대부분 1번 포지션은 앙 아방이다. 앙 오는 양쪽으로 동그랗게 만든 팔을 위로 올리는 동작을 뜻한다. 팔의 포지션 중 3번 포지션이 앙 오다.

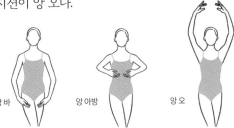

앙 바 　 앙 아방 　 앙 오

앙르브망

Enlèvement

'들다'라는 뜻의 동사 lever에서 파생한 명사로, '운반', '옮김'
이라는 의미다. 영어의 lift에 해당한다.

남성 무용수가 여성 무용수를 들어 올리는 동작을 말한다.

앙부아떼

Emboîté

'boîte'가 '상자', '박스'라는 것을 기억하면 쉽다. '끼워 넣다', '끼워 맞추다'라는 뜻의 동사 emboîter의 과거분사형으로, '끼워 맞춰진'이라는 뜻이다.

두 발로 서서 한쪽 다리씩 번갈아가며 '박스에 끼워 맞추 듯' 아띠뛰드(attitude)와 함께 점프하는 동작이다. 단일 동작이라기보다 앞쪽, 뒤쪽 다리를 번갈아 구부리는 샹쥬망 앙부아떼(changement emboîté), 회전하면서 수행하는 앙부아떼 앙 뚜르낭(emboîté en tournant) 등의 응용 동작을 줄여서 부르는 말이다. 회전하면서 점프해 수행하기도 한다. 회전 동작에서는 구부리는 다리를 공중으로 차지 않고 스탠딩 레그에 붙인다. 회전만 하는 경우 발을 무릎까지 쓸어 올리고, 회전하며 점프하는 동작에서는 발목까지만 붙여 빠르게 움직인다.

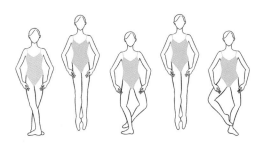

143

앙셴느망

Enchaînement

Dic '사슬'을 의미하는 영어 단어 chain을 연상하면 기억하기 쉽다. '사슬로 묶다'라는 뜻의 동사 enchaîner의 명사형으로, '사슬로 묶기', '연속', '연쇄'라는 뜻이다.

How to 특정 동작을 지칭하는 것이 아니라 연쇄 동작을 의미한다.

ㄱㄴㄷ 어디에서 유래했는지 도무지 알 수는 없지만, 이 단어에 불쑥 'ㄹ'이 난입했다. 앙쉐르망이라고 흐즈 므르 즌쯔… (하지 마라 진짜…)

앙트르샤
Entrechat

Dic 고양이를 의미하는 샤(chat) 때문에 고양이와 연관 있는 동작이라고 생각하기 쉽지만, 사실 이탈리아어의 '엮어 짜다', '땋다'라는 의미의 intreciarre [인트레치아레]에서 파생된 프랑스어 단어다. 공중에서 양발을 교차해 마주치게 하는 모습이 무언가를 엮어 짜거나 땋는 모습과 흡사하다.

How to 5번 발 포지션에서 점프해 양발을 앞뒤로 교차한 후 다시 제자리에 착지한다. 샹쥬망(changement)은 도약 시와 착지 시 앞뒤 발의 위치가 바뀌는데, 앙트르샤는 공중에서 교차하고 다시 제자리로 돌아오기 때문에 착지 후에도 위치가 변함이 없다.

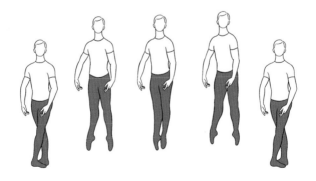

145

에꺄르떼

Écarté

Dic '(사이를) 떼어 놓다', '벌리다', '멀리하다', '(서로) 떨어지다', '벌어지다'라는 뜻의 동사 écarter의 과거분사형으로, '벌어진', '떨어진'이라는 뜻이다. 몸의 방향을 가리키는 용어다.

How to 발을 사이드로 포인(pointe) 하는 땅뒤(tendu) 동작을 수행하며, 2번 발 포지션에서 상체와 시선은 45도 각도로 틀고 양다리가 벌어진 상태로 보이게 하는 동작이다. 앞발을 사이드로 밀어 포인 하는 에꺄르떼 드방(écarté devant)과 뒷발을 사이드로 밀어 포인 하는 에꺄르떼 데리에르(écarté derrière)로 나뉜다. 양다리 사이뿐만 아니라 전반적으로 '떨어진', '벌어진' 모습을 상상하며 워킹 레그와 같은 쪽 팔을 위로 뻗고 스탠딩 레그쪽 팔은 옆으로 뻗는다.

에뽈망

Épaulement

Dic '어깨'를 뜻하는 épaule에서 파생한 단어다. '어깨에 기대다'라는 뜻의 동사 épauler의 명사형으로, '어깨의 움직임'을 의미한다. 사전적으로는 '옹벽', '축대'라는 뜻으로, 축대로서의 몸통을 떠올려보자.

How to 다리와 몸통은 사선을 바라보며 서서 어깨를 정면과 가까워 보이도록 약간 틀고 고개를 앞쪽 어깨 방향으로 살짝 기댄 자세다. 가장 기본적인 에뽈망은 크로와제(croisé)와 에퐈쎄(effacé)로, 동작별로 두 다리의 위치와 어깨의 위치가 다르며, 시선과 고개의 각도 역시 어깨의 위치에 따라 달라진다.

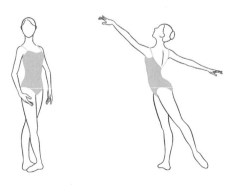

147

에샤뻬

Échappé

Dic '빠져나가다', '벗어나다'라는 뜻의 동사 échapper의 과거분
사형으로, '빠져나간', '벗어난'이라는 의미다.

How to 5번 발 포지션에서 드미-쁠리에(demi-plié)로 시작해 양발
을 밀어 어깨 너비만큼 옆으로 혹은 앞뒤로 교차되도록 벌
려 발끝으로 선다.

ㄱㄴㄷ 영어식 발음의 영향으로 첫 é를 지나치게 강조해 '에이샤뻬'라고
잘못 발음하는 경우가 많다. 동작을 할 때 다리를 알파벳 대문자 'A'모양으로
벌리기는 하지만 알파벳 A와는 전혀 연관이 없다.

에퐈쎄

Effacé

'지우다', '삭제하다', '사라지게 하다'를 의미하는 동사 effa-cer의 과거분사형으로, '지워진', '삭제된', '사라진'이라는 뜻이다. 몸의 방향을 가리키는 용어다.

How to 사선으로 몸을 틀어 정면에서 한쪽 몸이 잘 보이지 않도록 서고 몸통과 다리가 열린 형태를 유지할 수 있도록 안쪽 다리를 뻗는다. 안쪽 다리를 앞으로 뻗으면 에퐈쎄 드방(effacé devant), 뒤로 뻗으면 에퐈쎄 데리에르(effacé derrière)다.

에퐈쎄 드방

에퐈쎄 데리에르

잉글턴 ⋯→
뚜르 삐께 앙 드오르 | 뚜르 데가제 | 레임-덕 턴
Tour Piqué en Dehors | Tour Dégagé | Lame-Duck Turn

Dic '잉글턴'이라는 회전 동작의 이름은 유래가 불분명하다. 정식 명칭도 여러 개다. 바깥쪽으로 도는 삐께 턴이라는 뜻의 '뚜르 삐께 앙 드오르(tour piqué en dehors)', 발을 공중에 쓸어 차면서 도는 회전의 의미인 '뚜르 데가제(tour dégagé)', 절름발이 오리 회전이라는 뜻의 '레임-덕 턴(lame-duck turn)' 등이 있다.

How to 이동하면서 도는 회전 동작이다. 진행 방향으로 몸의 무게 중심을 쏟으며 쁠리에(plié) 해(tombé [똥베]) 팔을 벌린다. 바깥쪽으로 회전하며 팔은 오므리고 뒤쪽 다리를 진행 방향으로 곧게 뻗어서 앞쪽 다리를 스쳐 지나 포인으로 착지하는 동시에 다른 쪽 다리로 무릎을 타고 올라오는 빠쎄(passé) 동작으로 마무리한다. 빠쎄 했던 다리를 착지와 동시에 쁠리에 해 연속 회전을 이어간다.

150

쥬떼

Jeté

Dic '던지다'라는 뜻의 동사인 jeter의 과거분사형으로, '던져진', '던지는'이라는 뜻이다.

How to 쥬떼의 형태는 다양하다. 통상 한 발을 뻗어 점프해 다른 발로 착지하는 동작을 말한다. 발레 클래스에서는 주로 그랑 쥬떼(grand jeté)의 줄임말로도 많이 쓰인다. 그랑 쥬떼는 65쪽을 보세요.

쥬떼 앙 뚜르낭

Jeté en Tournant

'돌다', '회전하다'를 의미하는 tourner의 동명사형인 뚜르낭 (tournant)에 전치사 앙(en)이 붙은 앙 뚜르낭(en tournant)은 '돌 면서'라는 뜻이다. '회전하면서 던져진'이라는 뜻의 쥬떼 앙 뚜르낭의 정식 명칭은 '그랑 쥬떼 앙 뚜르낭'인데 '그랑'을 생략하는 경우가 많다. '서로 합쳐 얽힌 쥬떼'라는 뜻의 '쥬 떼 앙트르라쎄(jeté entrelacé)'라고도 한다.

도움닫기 스텝 이후 쁠리에(plié) 한 상태에서 한쪽 발을 앞 으로 곧게 뻗어 차며 반 바퀴 돌고, 마치 가위의 양날을 크 게 벌린 것처럼 공중에서 다른 쪽 다리를 최대한 뒤로 뻗 고 앞쪽 다리는 최대한 앞으로 뻗었다가 한 발로 착지한다. 발을 찰 때의 몸 방향이 앞쪽이라면, 착지 후의 몸 방향은 뒤쪽을 바라보고 있어야 한다.

크로와제

Croisé

'(십자형으로) 교차시키다', '교차하다', '겹치다'를 의미하는 동사 croiser의 과거분사형으로 '교차한', '겹쳐진'이라는 뜻이다. 몸의 방향을 가리키는 용어다.

사선으로 몸을 틀어 정면에서는 한쪽 몸이 잘 보이지 않도록 서고 몸통과 다리가 닫힌 형태를 유지할 수 있도록 바깥쪽 다리를 뻗는다. 다리를 앞으로 뻗으면 크로와제 드방(croisé devant), 뒤로 뻗으면 크로와제 데리에르(croisé derrière)가 된다.

크로와제 드방

크로와제 데리에르

153

턴 아웃

Turn out

Dic 발레에서 드문 영어 용어다. '바깥쪽으로 튼' 발의 모양을 의미한다.

How to 발레의 핵심 자세다. 엉덩관절부터 무릎과 발끝이 모두 바깥쪽을 향하게 한다. 발레 동작 수행 시 턴 아웃을 하는 목적은 넓적다리와 골반을 연결하는 부분의 각도를 넓혀 유연성과 가동성을 키우는 것이다. 대부분의 발레 동작은 다리를 턴 아웃 한 상태에서 수행한다. 간혹 현대 발레에서 턴 인(turn in) 상태로 수행하는 동작도 있다. 선 자세에서 턴 아웃을 할 때 억지로 무리해 벌리다가 무게중심이 발 안쪽으로 쏠리지 않도록, 하중을 발바닥에 고루 분배한다.

퐁뒤
Fondu

Dic '녹이다', '용해하다', '액화시키다'라는 뜻인 동사 fondre의 과거분사형으로, '녹은', '용해된', '액체 상태의'라는 의미다. 공중에 드는 순간 주욱 늘어나는 치즈 퐁뒤를 연상하자.

How to 몸이 액체 상태가 돼 녹아내리듯이 스탠딩 레그의 무릎을 구부려 마치 몸이 가라앉는 것처럼 보이게 하는 동작이다. 주로 바뜨망 퐁뒤(battement fondu, 99쪽을 보세요)의 줄임말로 많이 쓴다.

퐈이이

Failli

'놓치다', '저버리다'라는 뜻의 동사 faillir의 과거분사형으로, '놓친'이라는 뜻이다.

사선으로 서서 두 다리를 교차하는 5번 발 포지션 또는 크로와제(croisé) 자세에서 쁠리에(plié)로 도움닫기를 해 두 발을 동시에 딛고 사선 방향으로 점프한다. 점프하면서 두 다리를 벌려 공중에 뻗어(dégagé [데가제]) 한 발로 먼저 착지하고 뒤쪽 발은 더 위로 찼다가 착지하며 쁠리에 한다. 한 박자에 이루어지는 스텝이다. 퐈이이 동작 후 아쌍블레(assemblé)로 이어지는 퐈이이 아쌍블레 연속 동작으로 많이 수행한다.

156

푸에떼

Fouetté

Dic '채찍질하다', '후려치다'라는 뜻의 동사 fouetter의 과거분사
형으로, '후려쳐진'이라는 의미다. '돌면서 후려치는'이라는
뜻의 푸에떼 앙 뚜르낭(fouetté en tournant)이 완전한 이름이다.

How to 한쪽 다리는 고정한 채 다른 다리로 마치 채찍질을 하듯이
공중을 찍으며 연속으로 빠르게 회전하는 고난도 동작이
다. 고전 발레 〈백조의 호수〉 3막 중 흑조 오딜이 지그프리
드를 유혹하는 장면에서 발레리나 기술 중 최고의 테크닉
으로 꼽히는 32회전 푸에떼가 등장한다. 발끝을 세우고 몸
의 중심축은 고정시키고, 다른 다리를 접었다 폈다 하면서
채찍질하듯 빠르게 회전하는 것이 포인트다. 저도 자주 돌아요.
아, 물론 꿈에서요.

풀업

Pull up

Dic 영어 표현으로, 의미 그대로 '위로 잡아당기다'를 뜻한다.

How
to 발레에서 기본 중의 기본 자세다. 정수리부터 뒷목과 척추를 길게 늘이고 배 근육을 잡아주며 갈비뼈를 최대한 닫아 몸을 긴장시키며 허벅지는 계속 바깥쪽으로 돌려 발레만의 우아한 자세를 유지하는 비법이다. 발레의 모든 동작이 풀업 자세에서 시작한다고 할 수 있다. 풀업이 사라진 자세는 발레가 아니라 그냥 동작을 행하는 것뿐이다.

풀업 없이 섰을 때

풀업한 상태

158

프라뻬

Frappé

'치다', '두드리다', '차다'를 의미하는 동사 frapper의 과거분
사형으로, '타격을 받은'이라는 뜻이다.

주로 바에서 빠른 박자의 알레그로(allégro)로 수행한다. 바
뜨망 프라뻬(battement frappé)의 줄임말로, 워킹 레그로 빠르
게 스탠딩 레그의 앞뒤를 왔다 갔다 한다. '프라뻬' 찾아오신 분
들은 바뜨망 프라뻬(100쪽)로 가세요~!

프레빠라시옹
Préparation

Dic '준비'라는 뜻으로, 영어의 명사 preparation과 의미가 같다.

How to '본 동작을 하기 위한 준비 동작'으로, 뒤에 어떤 동작을 하느냐에 따라 프레빠라시옹도 달라진다. 5번 발 포지션으로 서서 팔은 아래쪽으로(en bas [앙 바]) 둥글게 뻗었다가 옆으로(à la seconde [알 라 스꽁드]) 뻗거나 점프를 하기 전에 취하는 쁠리에(plié) 동작 등 다양한 동작이 프레빠라시옹에 속한다.

프로므나드

Promenade

Dic '산책', '산보'를 뜻한다.

How to 한 가지 포즈를 취한 채 발을 땅에 붙이고 제자리에서 도는 동작이다. 주로 다리를 뒤로 뻗어 올리는 아라베스끄(arabesque) 혹은 다리를 뒤로 올린 상태에서 무릎을 접는 아띠뛰드(attitude) 자세에서 중심축 발의 뒤꿈치를 살짝 떼며 천천히 돈다.

플렉스

Flex

Dic 발레 용어에 몇 안 되는 영어 단어 중 하나다. 단어 뜻 그 대로 '준비 운동으로 몸을 풀다'라는 의미다. 플렉스(flex)와 함께 그 정반대의 동작인 포인(pointe)만으로도 스트레칭이 가능하다.

How to 다리를 곧게 편 상태에서 발끝을 최대한 가슴 쪽으로 당 기며 발뒤꿈치를 앞으로 내민다. 발끝을 최대한 땅에 닿도 록 구부리는 포인은 발을 최대한 길게 편 상태, 플렉스는 접은 상태라고 이해하면 된다. 포인과 플렉스는 앉거나 선 자세에서 모두 가능한 동작이다. 일어선 상태에서 발끝을 플렉스 하는 경우는 바뜨망 프라뻬(battement frappé, 100쪽을 보세요) 동작을 수행할 때 찬 다리가 발목 쪽으로 들어오는 플렉스 정도를 꼽을 수 있다. 발레에서는 대부분 발이 지 면에서 떨어지는 순간 포인을 해 다리가 최대한 길어 보이 도록 뻗는 것이 원칙이다.

플릭-플락

Flic-Flac

물이나 손바닥, 채찍 같은 것을 쳐서 '찰싹 찰싹' 내는 소리를 표현한 의성어다.

5번 발 포지션에서 한 발을 바깥쪽으로 뻗었다가 바닥을 쓸어 들어와 발꿈치부터 떼어 앞쪽 발목에 붙였다가 재빨리 '찰싹' 하고 치는 느낌으로 뒤쪽 발목으로 쓸어 올린다. 회전 없이 할 수도 있고, 회전하면서 할 수도 있다.

몽빠르나스 타워에서 내려다 본 빠리 ⓒ아유라

니가, 뭘 썼다고?

글 쓰는 것을 좋아하는 사람이라면 누구나 '언젠가는 나도 내 이름으로 꼭 책을 한 권 쓸 거야' 하는 다짐이나 '쓸 날이 오겠지?' 하는 막연한 기대를 품고 산다. 나도 그랬다. 다만 쓴다고 해도 당연히 전공, 하다못해 직업으로 삼고 있는 일과 관련된 내용에 대해 쓸 거라고만 예상했다.

주변에 책을 쓰게 됐다고 알리니, 모두 입을 모아 당연히 전공 분야의 학술 도서를 쓴 것이냐고 되물었다. 나름대로 전문적으로 오래 공부한 분야도 있었기에 당연히 그쪽 분야일 거라고 짐작을 하면서 묻는 그들에게 "발레책요."라고 답하니 역시나 한마음 한뜻으로 무척 의아하다는 듯이 "에?" 혹은 "응?" 하는 반응을 보였다. "에?"와 "응?" 뒤에 묵음 처리된 "니가?"와 "왜?"는 나에게만 들렸다. 발레 전공자도 아니고 단순히 취미로 오래 즐긴 것이 전부인 외국어 전공자가 발레책을 쓴다는 말에 의아해하지 않는 것이 더 이상할지 모른다.

2018년 여름 발레 용어 강의를 할 때엔 용어에 대해 완벽히 알지는 못해도 단발성 강의이니 근 십 년을 갈고 닦은 화려한(?) 강의 스킬로 어느 정도 커버할 수 있겠다는 계산에 의욕이 앞섰다. 그러나 막상 책을 쓰려고 마음먹기까지는 많이 주저했다. 심지어 같이 이름을 내걸고 책을 쓰는 분들은 현직 발레리노, 발레 실기에도 정통한 이론 전문가 그리고 현직 발레피아니스트. 게다가 세 분 모두 '국내 최고'라는 수식어가 아깝지 않을 클라스. 후덜덜X100 부담감을 느껴 몇 번을 주저하고 망설일 때 발레 애호가로서 두 권의 발레 책을 집필한 플로어웍스의 윤지영 대표님의 격려와 응원이 정말 큰 힘이 됐다. 대표님의 격려와 응원이 아니었다면 이 책의 저자는 다른 사람이 됐을 것이다. 그래서 사실 우리의 저작 활동은 책을 '쓴다'기보다 '쓰게 됐다'는 쪽의 표현이 정확하다.

그런데 애호인의 예상과 달리 발레 용어 공부를 하며 알게 된 놀라운 사실이 한 가지 있다. 발레에 정통한 전문가들도 여전히 용어에 관해서는 '공부를 하고 있다' 혹은 '이제 막 공부를 하려고 하는 중'이라는 것이다. 그만큼 제대로 된 공부가 꼭 필요한 분야라는 말이기도 하고, 또 반대로 제대로 공부하지 않아도 발레를 하는 데는 큰 지장이 없다는 말이기도 하다.

근 십 년간 발레를 사랑하면서 나도 비슷한 생각을 했다. 외국어를 좋아하니 언젠가 한 번은 시간을 할애해 용어의 뜻을 정리해봐야지, 정확한 철자법을 찾아봐야지 하면서 차일피일 미루다가 시간이 흘렀다. 용어를 몰라도 발레를 하는 데 아주 큰 어려움은 없었기에 '급하지도 중요하지도 않은' 일로 우선순위에서 밀렸지만, 늘 가슴 한구석에 숙제처럼 자리 잡은 일이었다. 이 책을 집어 든 많은 발레 애호인 혹은 전문가들도 나와 같은 생각일 거라고 감히 추측해본다. 그저 누가 조금 더 먼저 숙제 노트를 펼쳤는지가 다를 뿐이다.

무엇보다 내가 아주 잘 아는 분야의 책을 쓰는 것이 아니기 때문에 책을 쓰면서 나도 공부를 해보자는 마음이 컸다. 결과는 절반의 성공이다. 원고를 쓰면서 공부는 많이 했지만, 찾을수록 모르는 게 더 나왔다. 처음 책을 쓰기 시작했을 때는 100개 중 60개 정도는 안다고 생각했는데, 탈고를 앞둔 지금은 되레 그 숫자가 내려갔다. 학부를 졸업하면 "이제 전공 분야에 대해 다 알아" 했다가 석사를 졸업하면 "이제 내가 모르는 게 뭔지 알 것 같아" 하고, 박사를 졸업하면서 "나만 모르는 게 아니라 다 같이 모르는 거였군" 하는 깊은 깨달음을 얻는다는 우스갯소리가 떠오른다.

이런 깊은 깨달음을 얻기 위해 겁도 없이 노트를 펼쳐 들었다가 쓴맛, 매운맛, 신맛 등 온갖 괴로운 맛을 다 본 덕후 자매의 부족함을 물심양면으로 채워준 든든한 지원군들에게 감사의 마음을 전한다. 멋짐 폭발하는 한 해를 만들어준 우리 필진, 국립 발레단 수석무용수 이영철 님, 발레해설가 한지영 님, 시바리나 작가 임이랑 님, 발레피아니스트 김지현 님, 같은 취미인으로 '내가 뭘 그린다고?'에 공감한 이린 님, 발레리노 사진작가 김윤식 님과 아마추어의 글을 꽤나 그럴듯하게 보이게 만들어주신 디자이너님과 에디터님, 그리고 이미 두 권의 발레책을 집필해 취미발레계의 셀럽이자 발레도서 출판계의 떠오르는 샛별 윤지영 대표님까지. 혼자였다면 언감생심 감히 엄두도 못 냈을 일이거늘. 니가, 너희가 뭘 썼다고?

발레에 전혀 관심이 없는데도 단지 우리가 쓴다는 이유로 우리만큼이나 이 책의 탄생을 기다려준 사랑하는 가족과 친구들, 우리의 영원한 스승님 한양발레 원은수 선생님, 함께 발레하며 울고 웃던 발레메이트들을 포함한 모든 지원군들께 다시 한 번 진심으로 고맙습니다.

개정판을 축하합니다

2015년, 취미발레를 처음 시작했을 때가 생각납니다.

눈으로 보고 몸으로 따라 하는 발레 동작 익히기도 버거운데 알쏭달쏭 외계어 같은 발레 용어까지 외우는 과정이 순탄치 않았습니다. 선생님이 샤쎄, 그랑 쥬떼를 뛰라고 말하면 머리 위에 물음표가 가득한 채로 멍하니 서 있다가 "투 스텝, 점프!"라고 바꿔 말해주시면 그제야 입력 오류를 복구시키고 몸을 움직일 수 있었습니다. 턴, 점프 종류는 또 왜 이렇게 많은 건지… 답답한 마음에 발레 용어를 '다리 바꾸면서 점프', '한 발 짚고 턴'으로 바꿀 수는 없는 걸까 생각하기도 했었답니다. 그 당시엔 발레 나라 말은 고사하고 왼발, 오른발도 헷갈렸던 터라 용어를 쉽게 바꾼다 한들 의미가 없었겠지만요.

취미발레 연차가 어느 정도 쌓이고 자주 하는 동작 이름 정도는 외우고 있을 때쯤 월드발레데이 영상을 보게 됩니다. 지도위원이 간단한 시범과 함께 순서를 내주는데 생전 처음 듣는 용어 이름을 말하는 겁니다. '해외 발레단에서는 내가 모르는 더 다양한 동작을 배우는구나!'라고 생각하며 유심히 보는데 전부 제가 알고 있는 동작이었어요. 그건 '홍 드 쟝 (롱드잠)'과 '헝베흑 쎄(랑베르쎄)' 였습니다. 이런 웃지 못할 에피소드들을 겪으며 누군가 발레 용어 모음집 하나 만들어 주길, 그리고 용어들의 원어 발음까지 알려주면 참 좋겠다는 생각을 한 건 저뿐만이 아닐 겁니다.

기꺼이 그 '누군가'가 되어 머리 쥐어뜯으며 치열하게 연구하신 유라, 미라 작가님, 그리고 플로어웍스 윤지영 대표님에게 감사 인사를 전합니다. 덕분에 그동안 궁금했지만 알 수 없었던, 귀찮다는 이유로 알려고 하지 않았던 발레 지식 창고가 풍성하게 채워지는 느낌입니다. 저자는 어떻게 말해야 독자들에게 진심이 전해질까 문장을 수 십번 고치고 다듬는 과정을 거칩니다. 삽화를 어떻게 그려야 독자들이 조금 더 용어를 이해하기 쉬울지 고민했던 제 마음도 조금이나마 여러분들에게 전해졌길 바랍니다.

2022년 삽화가 임이랑

171

더발레클래스 1
올바른 발레 용어

초판 1쇄 발행 2021년 1월 21일   개정판 1쇄 발행 2022년 10월 11일
초판 2쇄 발행 2021년 2월 22일

지은이	펴낸이	주소
이유라·이미라	윤지영	06232 서울시 강남구 강남대로 382 18층
삽화	편집	이메일
임이랑	윤지영	flworx@gmail.com
사진	교정	홈페이지
김윤식	김승규	floorworx.net
디자인	펴낸곳	인스타그램
로컬앤드	플로어웍스	@floorworx_publishing
	출판등록	페이스북 페이지
	2019년 1월 14일	@Flworx

ⓒ이유라 이미라, 2022

ISBN
979-11-978533-3-3 03680